SÃO TOMÁS
EM POUCAS PALAVRAS

JEAN-PIERRE TORRELL

SÃO TOMÁS EM POUCAS PALAVRAS

Tradução
Diogo Chiuso

São Paulo
2021

Título original
Saint Thomas en plus simple

Capa
Bruno Ortega

Dados Internacionais de Catalogação na Publicação (CIP)
(Câmara Brasileira do Livro, SP, Brasil)

Torrell, Jean-Pierre

São Tomás em poucas palavras / Jean-Pierre Torrell; tradução Diogo Chiuso. – São Paulo : Quadrante Editora, 2021.

Título original: *Saint Thomas en plus simple*
ISBN: 978-65-86964-58-5

1. Tomás de Aquino, Santo, 1225?-1274 - Crítica e interpretação I. Título

21-59393 CDD 230.2092

Índice para catálogo sistemático:
1. Teólogos católicos : Biografia e obra 230.2092

Cibele Maria Dias - Bibliotecária - CRB-8/9427

QUADRANTE EDITORA
Rua Bernardo da Veiga, 47 - Tel.: 3873-2270
CEP 01252-020 - São Paulo - SP
www.quadrante.com.br / atendimento@quadrante.com.br

Sumário

Se você comprou este livro por causa do título, provavelmente já tentou ler alguma coisa de São Tomás. Pode ter desistido diante de algum obstáculo imprevisto ou de sua linguagem assaz difícil e incomum. Todavia, essa primeira dificuldade não é intransponível: pelo menos você sabe quem é São Tomás de Aquino, já ouviu falar dele e deseja conhecê-lo melhor. Isso basta para que permaneça nessa disposição inicial que os filósofos designam como característica da pessoa humana: o desejo de conhecer. Sem essa vontade, este pequeno livro não terá qualquer utilidade. Com ela, porém, tudo é possível.

Certamente será necessário um pequeno esforço de sua parte – e espero que isto não o deixe desanimado. De todo modo, é possível apresentar o pensamento de Tomás de uma forma acessível a todos, e sem perder nada de sua riqueza, a partir da sua biografia. Então, descobrimos a pessoa por trás do autor, que teve uma vida muito mais agitada do que se imagina. Longe de permanecer enclausurado em seus livros, ele saiu pelas estradas da Europa por exigência do seu voto de obediência. Esteve diante de grandes conflitos de ideias e de situações que não havia escolhido, e desses confrontos surgiram algumas de suas obras mais conhecidas. Em várias ocasiões, viu-se na linha de frente dos debates que marcaram sua existência. Pois, ainda que tenha escrito suas obras mais famosas de maneira muito reservada, durante anos ele foi imensamente solicitado por seus contemporâneos que queriam conhecer o que achava a respeito de uma grande variedade de temas.

Quanto à suposta dificuldade de ler seus textos, permita-me que lhe apresente alguns deles nesta leitura, a fim de descobrirmos que não são tão difíceis como se pensa.

I
Primeiros anos

Como muitos autores de destaque, Tomás de Aquino fica às vezes escondido por trás de seus livros. Isso é uma pena. Afinal, é perfeitamente possível, e talvez necessário, «ler» sua vida ao mesmo tempo que se lê sua obra. A vida lança luz sobre seus livros – não apenas sobre sua quantidade e escolhas, mas também sobre seu conteúdo. Não se deseja transformá-lo num santo desde o berço, mas é preciso ter em mente que até sua primeira infância é rica em ensinamentos a respeito de sua pessoa e pensamento.

Roccasecca, Monte Cassino, Nápoles (entre 1226 e 1245)

Tomemos um primeiro exemplo, retirado de seu histórico familiar. O que em algumas famílias seria apenas um caso anedótico, na dele pode ganhar uma relevância surpreendente. Sabemos que Tomás é de origem italiana, que nasceu em Roccasecca, nos arredores da Abadia de Monte Cassino, um pouco ao norte de Nápoles, e que sua família era da baixa nobreza. Essa localização geográfica não é irrelevante se considerarmos que as terras de sua família estavam na fronteira que separava os estados papais, ao norte, daqueles de domínio do imperador, ao sul. Quase sempre, os interesses e amizades entravam em conflito. O exemplo mais trágico disso foi o de Renaud, segundo filho da família, que prestou obediência ao papa quando Inocêncio IV depôs o imperador Frederico II, em 1245, e depois foi condenado à morte quando Frederico recuperou o trono. Para parte da família, Renaud foi um mártir; para outra, que apoiava Frederico II, um traidor. É um pouco cedo para falar das conclusões que Tomás, com vinte anos à época, tirou desse episódio, mas não há dúvidas de que sua visão clarividente das relações entre o temporal e o espiritual – a qual o distingue entre todos os seus contemporâneos – tem raízes profundas nesse episódio.

Seu pai, Landolfo, e sua mãe, Teodora, tiveram nove filhos: cinco meninas – das quais uma morreu ainda criança – e quatro meninos. Como era costume à época, por ser o mais jovem Tomás tomaria o destino traçado pelos seus pais: seguiria função eclesiástica. Por serem vizinhos da Abadia de Monte Cassino, a criança foi oferecida como oblato, mas com a pretensão de, no futuro, vir a tornar-se abade.

De acordo com os documentos que possuímos, isso se deu entre os meses de julho de 1230 e maio de 1231. Tomás tinha então cinco ou seis anos e, como São Bento, foi ao mosteiro acompanhado de sua ama. Lá, recebeu uma iniciação à vida religiosa beneditina, cujos vestígios podemos encontrar em sua obra. Sem ter se tornado monge propriamente dito (era apenas oblato, um simples religioso que desejava viver segundo a Regra de São Bento), parece ter conservado particular afeição ao mosteiro de sua infância, e de tal modo que, no final de sua vida, ao responder a uma consulta teológica do Abade de Monte Cassino, fez questão de apresentar sua carta como ato de um filho respeitoso, pronto à obediência de um pai muito querido. O necrológio da própria abadia faz menção a ele como «monge de Monte Cassino».

Tomás, no entanto, deixou a abadia na primavera de 1239. Somava treze ou catorze anos. Além da iniciação à vida beneditina, já tinha uma sólida educação de base. Para afirmá-lo, não são necessários detalhes muito precisos. Tampouco é preciso mencionar seu latim, pois a sequência de sua vida adolescente comprova sua instrução não somente quanto ao conhecimento das letras no sentido estrito da palavra, mas também quanto à qualidade do que aprendera. Seu conhecimento fora do comum a respeito de Gregório Magno e Cassiano, por exemplo, datava já desse período. Portanto, ele pôde ingressar imediatamente na Universidade de Nápoles, fundada quinze anos antes por Frederico II no intuito de formar os servidores necessários para o seu império. Naquela época, a Sicília e o Sul da Itália eram ambientes extremamente favoráveis à vida intelectual. Havia muito tempo, Miguel Escoto e sua equipe de tradutores já trabalhavam para trazer ao mundo latino os conhecimentos das ciências grega e árabe. A filosofia e a ciência aristotélicas, a astronomia árabe e a medicina grega vinham florescendo em Palermo, Salerno e Nápoles.

Faz tempo que procuramos identificar os mestres de Tomás, mas reconhecemos que ainda não sabemos muito sobre eles. A única coisa de que temos certeza é que ele aproveitou bem os primeiros anos de estudo, e a sequência dos acontecimentos é suficiente para demonstrá-lo. Para ele, certamente o mais marcante dos acontecimentos foi seu encontro com a Ordem dos Padres Pregadores. Na verdade, havia um convento dominicano em Nápoles, fundado em 1231. Não era muito aceito por Frederico II, que achava as ordens mendicantes muito ligadas ao papa, e contava apenas com dois religiosos no convento. Foi por meio deles que Tomás descobriu o ideal de São Domingos, o qual viera adotar alguns anos mais tarde: vestiu o hábito em abril de 1244. Foi nesta ocasião que iniciou o episódio mais conhecido de sua juventude.

Seus familiares provavelmente não tinham desistido de suas ambições em relação à Abadia de Monte Cassino, e assim sua mãe foi encarregada de fazê-lo mudar de ideia. Ela, porém, chegou tarde: o filho já havia deixado Nápoles. Precavidos por uma experiência anterior, na qual tinham visto seu convento tomado após a admissão de um jovem nobre com pretensões exageradas, os frades dominicanos decidiram enviar Tomás para Roma. Ela tentou ir atrás dele, mas chegou tarde mais uma vez: o filho já havia partido dali para Bolonha, na companhia de outros frades que seguiam o superior da Ordem, que passava pela cidade. Longe de desistir, dona Teodora enviou uma mensagem urgente para os filhos que estavam nas fileiras de Frederico II: deveriam interceptar a comitiva dominicana e trazer o irmão de volta para casa. Isso foi feito na primeira quinzena de maio, na região de Orvieto. No que diz respeito a essa rocambolesca perseguição, podemos pular alguns detalhes já narrados pelos biógrafos e dizer que foi muito fácil capturar o irmão mais novo, colocá-lo sobre um cavalo e levá-lo para Roccasecca.

O famoso episódio não lembra apenas os costumes da época como também ilustra pitorescamente a nossa proposta e esclarece um aspecto da futura doutrina de nosso autor. Muitos anos mais tarde, quando tratou dos diversos obstáculos que surgem no caminho dos jovens que abraçam a vida religiosa, Tomás cita uma passagem de São Jerônimo que menciona a importância da família e do afeto dos mais próximos, a começar pelo pai e pela mãe. Os grandes inimigos do jovem converso são os mais próximos. Com ênfase, São Jerônimo descreve as lágrimas e exortações dos pais, chegando até a garantir: se teu pai obstrui teu caminho e te impede de passar, não hesita em pisar nele. Tomás, que não hesitou em reproduzir essa frase chocante, ainda veio a acrescentar: *assim como na tua mãe*. Considerando o famoso episódio, é difícil não notar aqui um tipo de confidência pessoal involuntária.

De todo modo, isso não quer dizer que Tomás tenha sido maltratado em Roccasecca. Ele não foi colocado numa masmorra. Em termos atuais, esteve, no máximo, em prisão domiciliar. E, mesmo que toda a sua família tentasse, em vão, fazê-lo mudar de ideia, ele tinha liberdade para ir e vir – desde que dentro dos limites da propriedade familiar –, bem como para receber visitas, particularmente das irmãs e, surpreendentemente, dos dominicanos de Nápoles, que lhe trouxeram um novo hábito a fim de substituir o que havia sido rasgado enquanto resistia ao seu rapto. Em suma, Tomás poderia ocupar seu tempo como quisesse. De acordo com seu primeiro biógrafo, ele aproveitou para rezar, ler (ou melhor, reler) toda a Bíblia e estudar, desde aquela época, as *Sentenças* de Pedro Lombardo, das quais ele viria a ser um comentador emérito.

Essa situação durou mais ou menos um ano. Depois, vendo que nada poderia demover Tomás, a família consentiu em devolvê-lo ao convento de Nápoles. A mudança das circunstâncias políticas parece ter sido decisiva para isso: em 17 de julho de 1245, no Concílio de Lyon, o Papa Inocêncio IV depusera o imperador Frederico II. Com essa alteração na relação de forças, é provável que a família tenha julgado útil voltar a travar boa relação com o papa, e Tomás foi o primeiro beneficiado da decisão. Assim, no outono de 1245, foi enviado a Nápoles, para onde se encaminhava antes do rapto. Contudo, não ficou lá por muito tempo; logo partiu para Roma e, depois, para Paris, onde juntou-se ao Superior da Ordem: João, o Teutônico, que estava na cidade para presidir o capítulo geral, que ocorreu no Pentecostes de 1246. Tomás poderia terminar seus estudos ali.

Essa primeira parte de sua vida pede uma reflexão. Primeiro, deve-se notar que Tomás não culpou a família por ter atrasado o cumprimento de seu desejo. Isso pode soar paradoxal, mas, como ele era um homem feudal (inúmeros detalhes o revelam), permaneceu sempre ligado à sua comunidade e ao seu clã. São muitos os testemunhos de que, até o fim da vida, manteve a melhor das relações com a família.

No entanto, é mais importante voltarmos a dois pontos que se destacam muito neste período.

Depois de tomarmos ciência do vínculo entre religião e política na família de Aquino, bem como dos reveses das alianças que seus familiares faziam, temos todos os motivos do mundo para acreditar que Tomás teve tempo suficiente para refletir sobre essa experiência e tirar alguma lição dela. Num de seus textos mais famosos, que fala da relação entre o poder eclesiástico e o poder secular, ele traça uma distinção clara entre o domínio do poder temporal e o do poder espiritual:

> O poder espiritual e o poder secular, ambos derivam do poder divino; portanto, o poder secular subordina-se ao poder espiritual na medida em que foi submetido a ele por Deus no que diz respeito à salvação das almas; neste âmbito, é melhor obedecer ao poder espiritual do que ao poder secular. Porém, quando se trata de bem político, é melhor obedecer ao poder secular do que ao espiritual, segundo o que se diz em Mateus 22, 21: «Dai a César o que é de César».

O texto não termina aí, tampouco o pensamento de Tomás sobre o assunto. Mas o que podemos extrair do excerto é que Tomás é o único de sua época a falar desta maneira. Diferentemente de seus contemporâneos, como São Boaventura ou mesmo Santo Alberto, ainda prisioneiros da equivalência entre *Ecclesia* e *christianistas* (sendo Igreja e cristandade a mesma realidade) herdada da Alta Idade Média, responsável por trazer uma tensão permanente entre o hierocratismo (superioridade da religião) e o cesaropapismo (hegemonia do poder secular),

Tomás tinha uma visão claramente dualista das relações entre Igreja e sociedade civil – e ele jamais mudou neste ponto. Se essa doutrina tivesse sido acolhida já naquela época, poderia ter evitado muitas dificuldades para a família de Aquino.

O segundo ponto a ser considerado surge da obstinação com que o jovem Tomás perseverou em sua escolha pela Ordem Dominicana. A opção pela vida beneditina, na qual ele havia passado os primeiros anos de sua vida e que lhe havia marcado profundamente, não teria sido ruim. Por que, então, em vez das poderosas organizações religiosas que vicejavam incontestavelmente havia tanto tempo, preferiu uma ordem recém-fundada (1221), pouco conhecida, pobre, desprezada, e que não despertava nenhum interesse na sua família?

Sobre isto, só podemos fazer suposições. Algumas delas, no entanto, parecem óbvias. Tomás deve ter percebido rapidamente que sua inclinação aos estudos e seu papel na pregação do Evangelho eram mais compatíveis com os dominicanos do que com os beneditinos. Certamente havia muitos eruditos na ordem de São Bento, e Monte Cassino ostentava uma biblioteca magnífica que Tomás continuou a utilizar; no entanto, de acordo com a teoria que ele viria a desenvolver na maturidade, se é muito bom contemplar as verdades divinas, ainda melhor é contemplá-las e transmiti-las por meio das palavras.

Além disso, havia também outro fator a motivar sua escolha e seu desejo de uma vida pobre. Como disse de forma admirável Marie-Dominique Chenu, «a recusa de Monte Cassino é, em Tomás de Aquino, a réplica exata do gesto de São Francisco» de se despojar de suas valiosas roupas no meio da praça em Assis. O ensinamento que Tomás desenvolveria mais tarde não deixa dúvidas quanto ao seu pensamento. Durante a briga entre seus irmãos mendicantes e os mestres seculares ricos da Universidade de Paris, Tomás se revela um verdadeiro místico da pobreza:

> De todas as coisas que Cristo fez ou sofreu na sua vida mortal, a venerável cruz é, de modo especial, o exemplo que os cristãos devem imitar [...]. Ora, entre as características distintivas da cruz destaca-se uma pobreza absoluta; podemos vê-la externamente no fato de ter ele sido reduzido à nudez corporal [...]. É esta nudez da cruz que buscam aqueles que escolhem a pobreza voluntária [...]. Claro está, portanto, que os inimigos da pobreza são também os «inimigos da cruz de Cristo» (Fl 3, 18).

Acostumamo-nos a saudar Tomás de Aquino como grande filósofo e teólogo exímio. E, como veremos, isso de fato é verdade. Contudo, no início ele não teve outra ambição senão ser um religioso que vivia o ideal de pobreza dos frades pregadores. É verdade que nem sempre seus discípulos o seguiram neste ponto, mas ele permaneceu fiel à escolha que fizera na juventude. Foi assim que se tornou «São Tomás».

Em Paris (1245-6 a 1248) e Colônia (1248 a 1251-2)

Segundo Guilherme de Tocco, primeiro biógrafo de Tomás, o Mestre da Ordem «acolheu Tomás em Roma como um filho muito querido de Cristo, enviando-o primeiro a Paris e depois a Colônia», a fim de que estudasse sob a orientação de Alberto Magno. De imediato surge uma questão: por que Tomás foi enviado a Paris e não a outra cidade? Caso se tratasse de apenas tirá-lo de Nápoles, existiam soluções mais baratas. Além disso, a seleção dos frades dignos de estudar em Paris era muito rigorosa. Portanto, resta somente uma explicação plausível: é preciso admitir que seus dotes intelectuais logo foram percebidos, fazendo com que aquele jovem irmão vindo de uma província distante fosse enviado imediatamente para a capital teológica da cristandade. Eis algo que é importante enfatizar.

Se em Bolonha o direito reinava, a teologia era rainha em Paris, onde os dominicanos ocupavam lugar de destaque. Fundada em 1217 como casa de estudos para os frades pregadores que vinham estudar ali, o primeiro convento dominicano foi estabelecido na rua Saint-Jacques em 1218 e rapidamente se tornou lugar privilegiado para o «acesso à Universidade».

Em 1229, o frade Rolando de Cremona começou a lecionar como mestre-regente. Logo foi seguido por João de Saint-Gilles, mestre secular inglês que vestiu o hábito dominicano em setembro de 1230. Como já era mestre-regente, conservou sua cátedra e seu método de ensino. Pouco depois, ambos foram substituídos por Hugo de Saint-Cher e por Guerrico de Saint-Quentin. O primeiro ganhou notoriedade pelos trabalhos bíblicos que realizou à frente de uma equipe de frades – a revisão da Bíblia e o agrupamento de referências paralelas a partir de passagens análogas) antes de se tornar cardeal. O segundo ocupou a cátedra de 1233 até sua morte, em 1242. Contemporâneo do mestre franciscano Alexandre de Hales, inventou com ele o gênero literário do *quodlibet* (tipo de exercício universitário que veremos em breve). Seu sucessor foi Alberto Magno, que veio a ser mestre de Tomás. Havia ali um ambiente enriquecido com uma longa tradição intelectual, com uma excelente biblioteca e com alunos cuidadosamente selecionados – tudo sob a direção de um mestre de renome.

De acordo com os dados de que dispomos, é possível situar a chegada de Tomás a Paris entre o final de 1245 e o período que precede o Pentecostes de 1246. Em Paris ele permaneceu durante 1246, 1247 e a primeira parte de 1248, ou seja, durante três anos letivos. Não se exclui a possibilidade de que o primeiro tenha sido o ano do noviciado de Tomás, uma vez que não tinha conseguido fazê-lo desde que vestira o hábito em 1244; todavia, não temos certeza. Naquela época, o noviciado não tinha duração certa: podia ser reduzido a seis meses e, muitas vezes, até ignorado, dado que aos noviços era possível fazer uma profissão tão logo vestissem o hábito.

Quanto aos dois anos que se seguiram, também não sabemos nada em especial. Tomás pode ter estudado filosofia (à época, conhecida como faculdade de artes) para completar a formação iniciada em Nápoles dos catorze aos dezoito anos. Inúmeras evidências em suas obras darão testemunho de um bom conhecimento da situação do ensino filosófico na Paris da época. Entretanto, é mais ou menos certo que tenha prosseguido simultaneamente com o aprendizado de teologia nas aulas de Alberto Magno, de quem se tornara assistente. Foi com ele que mais tarde, em 1248, seguiu para Colônia.

Essa era uma missão que estava de acordo com a opção que orientara a escolha do jovem irmão dominicano de estudar em Paris. Alberto fora enviado a Colônia por decisão do capítulo geral da Ordem, ocorrido no Pentecostes do mesmo ano. Assim como em Paris, já havia um convento dominicano em Colônia desde 1221-2, e o capítulo havia confiado a Alberto a tarefa de criar um novo *studium generale*, uma casa de estudos de nível superior aberta para todos, e não apenas para os frades dominicanos. Tomás deveria auxiliá-lo nesta atividade. Então, partiram ambos tão logo as aulas terminaram em Paris, pouco depois do dia 29 de junho. Já estavam em Colônia quando da Festa da Assunção, e é muito provável que Tomás tenha testemunhado, naquele dia, o lançamento da pedra fundamental da catedral. Numa de suas obras, Alberto fala sobre os trabalhos de terraplanagem executados na ocasião e que trouxeram à tona magníficos mosaicos antigos.

Fora alguns relatos curiosos e mais ou menos fantasiosos, sabemos muito pouco sobre como Tomás ocupou seu tempo durante a estadia em Colônia. É bem provável que essa tenha sido a época de sua ordenação sacerdotal, mas também sobre isso não temos detalhes. Seu papel como assistente de Alberto, bem como as inúmeras tarefas de auxílio aos alunos, dificilmente deixariam rastros. Por outro lado pode-se encontrar, em sua obra posterior, indícios da grande influência que Alberto exerceu sobre ele. Durante esses quatro anos, entre seus 23 e 27 anos de idade, Tomás pôde absorver profundamente o pensamento de Alberto, uma vez que passava tempo considerável organizando, em vista da publicação, as notas de seu curso sobre a *Hierarquia celeste*; sobre os *Nomes divinos* – numa adaptação cristã das doutrinas do neoplatonismo de Proclo (412-485), a quem todos chamavam de Dionísio (que se confundia com Dionísio, o Areopagita, convertido por São Paulo em Atenas); e sobre a *Ética à Nicômaco* de Aristóteles. Trabalhador zeloso, ele chegou a fichar o comentário à *Ética*, o que deu origem à *Tabula libri Ethicorum*. Esse trabalho pouco conhecido se apresenta como um léxico cujas definições vêm seguidas de citações quase literais de Alberto. René-Antoine Gauthier sugere que Tomás teria se dedicado a essa produção no momento em que compunha a Parte II da *Suma* (em 1271). Talvez tenha deixado o trabalho incompleto porque sua maturidade (logo, afinal, iniciaria seu próprio comentário à *Ética*) já lhe permitia notar imperfeições na obra do velho mestre.

Essa estadia em Colônia marca o fim do período de formação de Tomás. Seguindo um plano que se havia tornado assaz importante para ele, seu dever consistia em transmitir aos outros o conhecimento que recebera. Para isso, seria necessário regressar a Paris.

II
Comentários sobre Isaías e sobre as *Sentenças*

Consultado pelo mestre-geral da Ordem a respeito da escolha de um novo professor a ser enviado para Paris, Alberto Magno indicou Tomás. De início João, o Teotônio, parece ter hesitado, mas a intervenção do cardeal Hugo de Saint-Cher, antigo professor em Paris, fez com que o mestre-geral concordasse.

Tomás voltou a Paris em 1252 ou 1253 para «se preparar para "ler"», isto é, para lecionar – ou, mais especificamente, para comentar o *Livro das sentenças*, de Pedro Lombardo. Essa preparação tinha uma etapa preliminar: antes de se tornar «bacharel sentenciário» (cujo sentido veremos já), o futuro candidato a mestre deveria, durante um ano, tecer comentários breves sobre a Bíblia (tarefa do bacharel «bíblico»); chamava-se a isso «ensino cursivo», que consistia em percorrer o texto bíblico fazendo explicações curtas para alunos iniciantes sem se deter em comentários detalhados. Estes, ele só viria a fazer mais tarde, quando se tornasse mestre em teologia.

O comentário de Isaías

Para começar seu trabalho de professor, Tomás optou por fazer comentários sobre os profetas Isaías e Jeremias. Para nós, ocupar-se desse comentário a Isaías, obra publicada após sua morte, é de considerável interesse sob vários aspectos: foi o primeiro livro de nosso autor e, ao mesmo tempo, um dos primeiros testemunhos desse tipo de «ensino cursivo» por um religioso; além disso, a opção de Tomás pelo sentido literal da Bíblia, em vez do sentido alegórico, já se encontra nesta primeira obra, mesmo que isso significasse abandonar certas interpretações tradicionais (e, por conta disso, alguns chegaram mesmo a suspeitar de sua autenticidade).

De todo modo, não há dúvida de que o texto é de Tomás, dado que boa parte do manuscrito chegou a nós com sua famosa escrita «ilegível» (por muito tempo considerada, equivocadamente, «ininteligível»). Nunca é demais se alegrar com essa característica, pois o estudo dos manuscritos nos permite descobrir Tomás em plena atividade, preparando cursos com suas dúvidas, suas rasuras, suas repetições e, finalmente, com o último estágio de seu pensamento. Estudar esse manuscrito de perto revela também o caráter de nosso autor – e teremos a oportunidade de voltar a ele.

À parte o interesse suscitado pelos comentários sobre o livro do profeta, a principal característica desta obra está nas anotações feitas por Tomás à margem do texto. São como notas para si mesmo, a fim de que não esquecesse as ideias incidentais que lhe vinham à mente. Sem cair diretamente no ensino propriamente dito, elas pertencem ao âmbito do comentário, pois revelam o significado espiritual ou místico do texto. Essas «colações», como são chamadas, consistem em pequenas compilações de breves citações bíblicas, dispostas em leque sobre certa palavra encontrada no texto. Para se ter uma imagem mais clara, é preciso mostrar ao menos uma delas; isso tornará possível compreender tanto a maneira como Tomás procede quanto a riqueza desses pequenos trechos desconhecidos. Eles são muito importantes para salientar a espiritualidade tomasiana.

Eis como Tomás comenta a passagem de Isaías 49, 17: «Eu te ensino coisas úteis».

> A palavra de Deus é útil para:
>
> *Iluminar* a inteligência, Provérbios 6, 23: «O ensinamento é uma lâmpada».
>
> *Alegrar* a sensibilidade, Salmo 119, 103: «Quão doce ao meu paladar é a tua promessa».
>
> *Inflamar* o coração, Jeremias 20, 9: «Era em meu coração como fogo devorador»; Salmo 105, 19: «A palavra do Senhor o inflamou».
>
> *Retificar* a obra, Salmo 25, 5: «Guia-me com a tua verdade, ensina-me».
>
> *Obter* a glória, Provérbios 3, 21: «Observa o conselho e a prudência».
>
> *Instruir* os outros, 2 Timóteo 3, 16: «Toda Escritura é inspirada por Deus e útil para instruir, refutar».

Esta colação é, de fato, uma meditação bem estruturada sobre o lugar da Palavra de Deus na teologia e na pregação. Não sendo possível desenvolver aqui este tema de excepcional riqueza, é preciso ao menos assinalar que essas anotações, essas extensões espirituais absorvidas a partir da experiência dos profetas e sábios, dos apóstolos e dos evangelistas, revelam o tom bíblico da espiritualidade de Aquino.

Lendo-as, também é possível perceber o que tocara Tomás nesses textos e, portanto, compreender algo de sua atitude diante de Deus e sua Palavra. Pelo exemplo reproduzido acima, pode-se intuir seu interesse de frade pregador, isto é, sua alma de apóstolo e de santo. Além disso, quando conhecemos a reserva natural de Tomás, percebemos que os comentários são muito valiosos. Como já puderam afirmar, «somente no manuscrito do *Super Isaiam* podemos ver, à margem, em comentários literais, uma emanação de *collationes*, com seu jogo de textos sacros que fazem romper a univocidade da *historia*» (H.-F. Dondaine). Verificaremos isso ao tratar dos quatro sentidos das Escrituras.

O bacharel sentenciário

Tomás inicia sua docência como bacharel sentenciário em setembro do ano letivo de 1251-1252 ou 1252-1253. Trata-se da segunda etapa de sua caminhada rumo ao grau de mestre em teologia. Segundo uma comparação bastante comum, consistia numa espécie de obra-prima que o aprendiz deveria apresentar para tornar-se mestre-artesão. Entre o ensino propriamente dito e sua redação como obra definitiva, a finalização desse comentário às *Sentenças* de Pedro Lombardo levaria pouco mais de quatro anos. Na verdade, Tomás lecionou e redigiu ao mesmo tempo; seu comentário ao Livro I foi publicado antes de ele ter concluído o ensino do Livro III; já o Livro IV só viria a ser concluído depois de ter recebido o grau de mestre.

Da lavra de Pedro Lombardo, professor em Paris um século antes de Tomás (1155-1158), o *Livro de Sentenças* foi introduzido no ensino universitário por Alexandre de Hales, primeiro a usar a obra como texto-base em suas aulas (1223-1227). Permaneceu em uso obrigatório nas escolas de teologia por três séculos. De uma forma ou de outra, os escolásticos tiveram de se encaixar nesse molde. À época de Tomás, tratava-se de um dos três livros fundamentais que os superiores deveriam fornecer aos religiosos destinados aos estudos; os outros dois eram a Bíblia e a *História escolástica* de Pedro Comestor (1179).

O livro leva o nome de seu tema. Pedro Lombardo queria reunir numa só obra as inúmeras opiniões (*sententiae*) dos Padres da Igreja sobre os mais diferentes assuntos tratados pela teologia, mas por meio de citações dos próprios textos, para a conveniência de professores e alunos. Mais ou menos restritos aos comentários, os teólogos não se sentiam obrigados a se prender numa rigorosa estrutura. Tomás não foi o primeiro nem o último a ir além de Lombardo, e muitas vezes apresenta seu próprio comentário ao texto, com uma amplitude desconhecida ao primeiro autor das *Sentenças* (que, no entanto, continuou a ser chamado de «mestre», *magister*). Podemos considerar seus comentários, bem como os de todos os outros comentaristas, como obras teológicas de pleno direito. Desse modo, as características do *Comentário* de Tomás revelam as orientações do jovem professor, e por isso é preciso tratar como significativas as 2.034 citações que abarcam todas as obras de Aristóteles, que nisso está além de qualquer outro autor pagão, ou as 1.095 citações de Agostinho, que supera todos os outros autores cristãos amplamente representados ali (num total de três mil citações).

Entretanto, para além desses dados quantitativos, o que muda em Tomás em relação a Lombardo é a maneira como expõe sua concepção de teologia logo nas primeiras páginas do *Comentário*. Como seu prefácio bem indica, os quatro livros de Lombardo são, acima de tudo, citações recolhidas e com alguma relação com o tema central de cada segmento: Deus; Deus criador; a encarnação do Verbo; e os sacramentos. Tomás não se limita a uma simples enumeração, mas procura identificar o que chama de *intentio* do mestre e se propõe a organizar toda a teologia tendo Deus como centro, bem como todas as coisas ao seu redor segundo a relação que mantêm com Ele – seja vindo dEle como origem primeira; seja caminhando para Ele como fim último.

Muito simples na aparência, esse esquema assume uma dimensão nova se nos lembrarmos da afirmação bíblica do Deus que é Alfa e Ômega, começo e fim de todas as coisas visíveis e invisíveis; e, ainda mais, se seguirmos Tomás, que religa esse movimento circular às relações interiores que as Três Pessoas da Santíssima Trindade mantêm entre si desde toda a eternidade, como razão fundamental desse movimento. De fato, a «saída» das criaturas a partir de Deus, princípio primeiro, encontra sua explicação última no fato de que, mesmo em Deus, há uma saída que se chama «geração», ou emancipação, do Verbo, Segunda Pessoa da Trindade, a partir do Pai. A eficiência divina exercida na Criação é relacionada à geração do Verbo. Da mesma maneira, a causalidade da graça que permitirá o retorno bem-sucedido das criaturas para Deus sob a inspiração do Espírito Santo está ligada ao retorno do Verbo ao Pai. Numa linguagem que retomaremos, a ação de Deus no nosso mundo – fora dEle mesmo, por assim dizer – só pode ser totalmente compreendida à luz da fecundidade intradivina. Tudo começa em Deus e retorna a Ele de uma maneira a nós inimaginável.

Há muitas outras coisas que poderíamos extrair desse *Comentário às Sentenças*, mas nos atenhamos a esta primeira aquisição. Em suma, ela exprime uma profunda intuição espiritual, a qual é preciosa demais para qualquer um que deseje compreender o pensamento de Tomás. Seria fácil demonstrar que a organização de seu *Comentário* é feita de maneira a reproduzir essa perspectiva. É muito mais do que uma simples opção pedagógica; consiste, antes, numa fecunda intuição espiritual que já antecipa o plano da *Suma teológica*. E, dela, podem ser extraídas duas implicações principais. Primeiramente, atento às exigências da palavra «*teo*-logia», Tomás vê no próprio Deus o «sujeito» primeiro de seu discurso. Se Tomás confere ao Verbo Encarnado apenas um segundo lugar – no que às vezes é criticado –, é porque coloca em primeiro lugar a Trindade: assim como a Criação, a Encarnação não pode ser explicada por si mesma; é necessário «retornar» ao amor na sua fonte, ao Pai da luzes de onde vem todo dom perfeito. Depois, é preciso ressaltar que, nesta concepção, todo o universo criado, espiritual e material, parece vir animado por um dinamismo fundamental que, no momento oportuno, facilmente permitirá integrar o devir histórico à reflexão teológica.

III
O mestre nas Sagradas Escrituras

Por definição, o cargo de bacharel era transitório. Em fevereiro de 1256, Américo de Veyre, chanceler da Universidade, concedeu a Tomás permissão para lecionar (*licentia docendi*) e pediu-lhe que preparasse a aula inaugural, que foi ministrada entre 3 de março e 17 de junho de 1256. As diversas fases da cerimônia de investidura do cargo ocorreram em dois dias, mas não se tratava de mera formalidade. Dada a natureza pública e contraditória das discussões que a acompanhava, a posição do recém-chegado era, do começo ao fim, «incômoda». As duas principais intervenções de Tomás na ocasião foram preservadas e merecem ser conhecidas. No entanto, agora nos será preferível segui-lo em três aspectos diferentes de sua nova função, tal qual enumerados por Pedro Cantor no início do século XII: *legere* (ler), *disputare* (disputar), *predicare* (ensinar).

«Ler»: comentar a Bíblia

Algo muito pouco conhecido por aqueles que veem Tomás apenas como filósofo, ou mesmo por aqueles que só consultam a *Suma teológica*, é que a primeira tarefa que lhe cabia como mestre em teologia era comentar a Bíblia. Ao contrário da leitura cursiva, única permitida ao bacharel bíblico e cujo modelo era o *Comentário a Isaías*, o modo de ensino reservado ao mestre permitiu-lhe fazer um comentário mais detalhado, como aquele que teceu a respeito do Livro de Jó e do Evangelho de João. Esse ensinamento bíblico era sua tarefa diária como professor e, por muito tempo, não recebeu tanta atenção como as *Sentenças* e a *Suma*. Porém, para termos uma ideia mais geral do quão completo ele era como teólogo, precisamos levar em consideração esses ensinamentos bíblicos. Todas as demais obras, não obstante seu alcance, foram compostas em complemento a esse trabalho habitual do professor. Foi assim que, depois de tecer comentários, como bacharel, sobre os profetas Isaías e Jeremias, Tomás comentou, já como mestre, o livro de Jó, os 53 primeiros Salmos, os Evangelhos de São Mateus e de São João e todas as epístolas de São Paulo. Esse trabalho enorme, dotado de uma riqueza impressionante, está agora quase totalmente traduzido e tem sido tema de muitos trabalhos. Nunca é demais recomendar sua leitura (ao menos ocasionalmente).

Para sua primeira aula, Tomás escolheu comentar o Evangelho de São Mateus. Não entraremos nos detalhes desse comentário, mas nele vemo-nos imediatamente tocados por aspectos mais familiares do que alhures. É ali que encontramos referências aos lugares em que ele se encontrava ou às atualidades teológicas de então. Nada é fortuito, pois esse comentário, que nos chegou na forma de notas brutas, conserva algo daquele estilo oral do mestre que não teve tempo de revisar seus ensinamentos e polir sua forma escrita. Notamos também que a opção pelo sentido literal no *Comentário a Isaías* é confirmada em suas outras obras bíblicas. Isso não quer dizer que somente o sentido literal se adequa às necessidades da argumentação teológica, mas que toda a interpretação espiritual deve basear-se no sentido literal para que não corra o risco de errar. Não é vedado recorrer ao sentido espiritual quando necessário, pois, para Tomás, o sentido espiritual está já contido nas letras da Escritura; contudo, vemos aí refletida sua consciência dos limites da exegese alegórica que era praticada sem restrições.

Para se ter uma ideia mais clara de como Tomás entendia isso, reproduzamos uma passagem de sua exegese de São Mateus que traz uma explicação bastante detalhada das tentações de Jesus no deserto. Tomás identifica o sentido da tentação em geral e de cada uma delas em particular; questiona sua dinâmica interna a fim de saber em que medida podem ser aplicadas a Cristo e o sentido que têm em todo o Evangelho, considerando seu significado para a missão de Jesus, para nós mesmos, etc. Aqui, ele se encontra entre a teologia e a espiritualidade (caso seja possível distinguir as duas!). Também está interessado no que se poderia chamar de exegese de Satanás, isto é, na maneira como o Maligno distorce o significado dos versículos da Escritura para aplicá-los falsamente ao Cristo. Dá-nos, assim, uma aula de exegese:

> Notemos que um versículo da Escritura pode ser abusivamente interpretado (*depravare*) de três maneiras. Primeiro, quando se trata de uma coisa e aplicamos a outra, ou seja, quando falamos de um justo qualquer, mas aplicamos os termos a Cristo. Por exemplo: «Quem podia pecar e não pecou» (Eclo 31, 10); ou ainda: «O Pai é maior do que eu» (Jo 14, 28). Isso é dito do Cristo enquanto homem, mas, se aplicamos ao Cristo em sua qualidade de Filho de Deus, interpretamos abusivamente o versículo. Aqui, o que o diabo disse dos anjos, isto é, que «eles te tomarão pelas mãos para que não tropeces em nenhuma pedra», aplica-se ao justo, membro de Cristo, que tem necessidade efetiva da guarda dos anjos para não pecar. Não pode ser aplicado ao Cristo incapaz de ser ocasionalmente tocado por um pecado.

Uma segunda maneira de interpretar mal a Bíblia consiste no uso de um versículo para algo a que não se destina. Assim com Provérbios 25, 21 e Romanos 12, 20: «Se teu inimigo tiver fome, dá-lhe de comer; se tiver sede, dá-lhe de beber. Agindo desta forma, estarás acumulando brasas sobre sua cabeça». Se alguém faz isso em vista de ver o inimigo punido por Deus, age contra o significado do versículo. O diabo faz o mesmo: ao passo que a Escritura assegura que o justo será guardado pelos anjos a fim de que o homem não caia em perigo nenhum [...], o diabo sugere que o homem deve se expor ao perigo, o que equivale a tentar a Deus.

A terceira maneira está em tirar do versículo tão somente o que se encontra de acordo com o sentido que defendemos e em rejeitar o que a ele se opõe. É o costume dos hereges e é o que o diabo faz em relação à guarda dos anjos, uma vez que silencia o resto da citação que lhe contraria: «Caminharás sobre a serpente e a víbora, calcarás aos pés o leão e o dragão». Foi assim que ele se tornou o modelo para todos os que interpretam abusivamente as Escrituras.

«Disputar»: as questões disputadas sobre a verdade

A segunda função do mestre era o que se chamava *disputatio*. «Disputar» é ainda ensinar, mas de outra forma: a de uma pedagogia ativa em que se procede por objeções e respostas a um tema específico. Como o comentário à Escritura às vezes levantava questões que nem sempre podiam ser resolvidas, os mestres se acostumaram a tratá-las separadamente e a submetê-las a um tratamento no qual os participantes – na maioria das vezes, os alunos – apresentavam argumentos favoráveis e contrários, com o intuito de melhor determinar o interesse e a importância da questão levantada. Após o debate, o mestre fazia uma síntese do que fora discutido e apresentava sua própria resposta. Se a questão fosse importante o suficiente para exigir aprofundamento, poderia ser dividida em unidades menores, as quais recebiam o nome de *artigos*, que poderiam ser tratados numa única sessão.

Não demorou para que essa forma de ensino deixasse de ficar sujeita às surpresas aleatórias das questões levantadas durante o curso: os próprios mestres passaram a propor, logo no início do ano, os assuntos que seriam tratados assim.

Havia duas formas essenciais de disputa: a primeira delas era a privada (*disputatio privata*), que ocorria dentro da escola com os alunos do mestre e seu bacharel. A segunda era pública (*disputatio publica* ou *ordinaria*) e deveria ser travada com regularidade. Muitos se dispensavam voluntariamente dela, uma vez que a disputa poderia ser um tanto perigosa; afinal, ao contrário da privada, nesse tipo de disputa pública era permitido que alunos e, por vezes, professores de outras escolas se fizessem presentes. Quando isso acontecia, os mestres não se privavam de tentar constranger os colegas na disputa. Numa de suas formas, esse segundo tipo de questões disputadas chegava a ser uma manifestação solene (os famosos *quodlibeta*, dos quais falaremos mais tarde) que acontecia duas vezes por ano – durante o Advento e durante a Quaresma – e interrompia o curso normal da Universidade.

Para nos limitarmos às disputas privadas que Tomás podia fazer com seus alunos, é possível imaginar um dia de aula no convento dominicano da rua Saint-Jacques, em Paris, da seguinte maneira: logo no início do dia, Tomás ministrava sua aula; em seguida, vinha a do bacharel; à tarde, ambos se reuniam com os alunos para «disputar» sobre um tema escolhido. As três horas destinadas a essa pedagogia ativa nem sempre eram suficientes para esgotar o assunto, e por isso se procedia artigo por artigo. Se alguns fossem muito curtos, podiam ser agrupados numa sessão; por outro lado, um assunto mais longo ou complexo poderia ser dividido em várias partes. Os resultados (as objeções, as respostas e as decisões do mestre) se reuniam posteriormente numa conclusão, que depois era deixada por escrito. Foi assim que a elaboração do *De veritate* se estendeu pelos três primeiros anos letivos (1256-1259), com o ritmo de oitenta artigos anuais. Corresponde a algo bastante próximo ao número de dias de aula num ano.

Se esse quadro geral corresponde à realidade, a ele se deve acrescentar dois complementos indispensáveis. Em primeiro lugar, é provável que o resultado final a chegar até nós tenha pouca semelhança com o desdobramento real das disputas privadas entre o mestre e seus alunos. Basta ler o texto do *De veritate* pra compreender que seu conteúdo encontra-se em nível muito superior ao que um aluno médio poderia acompanhar. Os estudantes de Paris, cuja formação era melhor que a dos que ele encontraria mais tarde em Roma, certamente conseguiriam acompanhar as exposições mais difíceis, mas a discussão não poderia chegar à forma exata daquelas investigações longas, complexas e detalhadas. Na sala de aula, eram necessariamente mais curtas e simples, e devemos admitir, portanto, que o que chegou a nós dá testemunho de um grande trabalho editorial da parte do mestre. Dessa forma, pode-se concluir que, à época de Tomás, a questão disputada já havia se tornado um gênero literário. Formadas na dialética do «pró» e do «contra», as mentes daquele tempo tendiam a se expressar assim. Seu modelo mais belo encontra-se na *Suma teológica*, inteiramente elaborada segundo esse padrão; todavia, existem inúmeros outros exemplos.

Se nos voltarmos para seu conteúdo, encontramos no *De veritate* um conjunto imponente de 253 artigos agrupados em 29 questões, as quais, por sua vez, podem ser divididas em duas grandes partes: a verdade e o conhecimento (questões 1 a 20); e o bem e o apetite pelo bem (questões 21 a 29).

Listar todos os temas não seria, agora, de grande utilidade, mas podemos nos concentrar na primeira questão e nas duas reflexões interessantes que ela suscita, uma vez que conduzem a uma compreensão correta do pensamento de Tomás.

A primeira sugestão vem do próprio título, que revela a ambição de seu projeto teológico. Sabe-se, afinal, que muitos de seus livros começam pela menção da verdade – é literalmente a primeira palavra da *Suma contra os gentios*, que veremos adiante: «Minha boca proclamará a verdade...» (vale a pena conhecer o que vem em seguida, pois o autor identifica a si mesmo como alguém que vem para dar testemunho da verdade). A *Suma teológica* também se inicia com intenção semelhante: «O doutor da verdade católica tem como tarefa...». Uma vez que no pensamento de Tomás tudo se explica a partir do fim que buscamos, é importante ter uma ideia clara desse ponto de partida. E, como a escolha dos meios depende do fim que devemos alcançar, compreendemos melhor que, se três de suas obras principais começam com a verdade, isso não é por acaso. É a verdade da fé o que ele quer apreender e compreender, difundir e defender. É ela que Tomás deseja propagar, a fim de torná-la mais conhecida e amada. Se quisermos entrar no pensamento de Tomás de Aquino, eis uma porta que não devemos ignorar.

A segunda sugestão que se pode tirar do primeiro artigo vem de seu conteúdo. Tomás não lida apenas com a verdade, mas também com o que chama de «transcendentais», isto é, com as grandes qualidades universalmente ligadas ao ser em geral. Excetuando o caso de Deus, que se identifica com a Verdade de maneira inefável, a verdade não é uma realidade existente em si mesma, mas propriedade de algo que existe. Dá-se o mesmo com outras propriedades semelhantes que, antes de serem encontradas no estado participante de todos os seres, existem no ser em si como propriedades que lhes estão inseparavelmente ligadas e que são conversíveis umas nas outras.

Noutras palavras: o primeiro ser não é apenas verdadeiro, mas sobretudo algo que, segundo o que se vê sob tal ou qual aspecto, também apresenta tal ou qual propriedade. Sem passar todas elas em revista é fácil compreender que, no que diz respeito à inteligência, o ser aparece como verdadeiro e é capaz de ser conhecido. Portanto, a verdade de nosso conhecimento se verificará na sua exatidão, na sua conformidade com a realidade. Da mesma forma, em sua relação com a vontade, outra grande faculdade da alma, o ser em si surge como bom e, portanto, como realidade desejável, digna de ser amada. Na medida em que convém simultaneamente à inteligência e à vontade, também diremos que ele figura como belo.

Assim ocorre com todos os outros modos gerais do ser, conforme o consideramos em si mesmo ou tal qual distinto de outros seres. Trata-se sempre do mesmo ser em si, mas nomeado de forma diferente a depender do ponto de vista que assumimos. Eis por que dizemos que existe, entre o ser em si e cada uma de suas propriedades gerais, uma identidade real e apenas uma diferença «nocional», ou seja, de acordo com a perspectiva a partir da qual é considerado. Isso explica por que ainda existe, entre o ser e suas modalidades, assim como entre essas próprias modalidades, uma conversibilidade mútua. Na medida em que é parte constitutiva (partícipe) do ser, cada ser é, em si mesmo, algo único, belo e verdadeiro, etc. Esta é, de fato, a primeira intuição a ser retida: o ser é, o não ser não é; e, se o ser é, cada ser faz parte (participa) de seus modos gerais.

Haveria muito mais a ser dito sobre o *De veritate* e sua importância na obra de São Tomás, em especial para compreendermos a evolução do jovem mestre ao longo desses três anos. Em alguns pontos, ele já havia mudado de opinião em relação ao que se tinha dito nas *Sentenças*, e isso se acentuaria nos trabalhos posteriores. É importante lembrar sempre que, embora Tomás fosse coerente consigo mesmo e com suas ideias principais, jamais foi um sistematizador inerte: pelo contrário, era um gênio em movimento, em ato de perpétua descoberta. Sem nos afastar muito do caminho, gostaria de compartilhar uma passagem que diz muito do estado de espírito sob o qual Tomás estava trabalhando e que nos convida a refletir:

> A busca [*studium*] da sabedoria [da «verdade»] tem o privilégio de ser autossuficiente. A contemplação da sabedoria se compara ao divertimento por duas razões. Primeiro, porque o jogo é deleitável, e a contemplação da sabedoria traz supremo deleite [...]. Depois, porque o divertimento não se ordena a nada além de si e encontra seu fim em si mesmo, o que verificamos também no deleite da sabedoria [...]. Ao contrário do que ocorre nos deleites comuns sobre os quais falamos, em que o menor atra-

so vivido perturba nossa alegria [...], é em si mesma que a contemplação da sabedoria encontra a causa de seu prazer; desta forma, não suscita a angústia da espera [...]. Eis por que a sabedoria divina compara o próprio deleite ao divertimento: «Eu era seu encanto todos os dias, todo o tempo brincava em sua presença» (Pr 8, 30).

«Pregar»: teologia e pastoral

Estamos habituados a ver Tomás de Aquino como o homem da *Suma teológica*. Por isso, muitos se surpreendem quando se fala de sua pregação. No entanto, naquela época esta era a terceira e última grande obrigação do mestre, e Tomás não deixou de cumpri-la. Os que viveram no medievo não viam oposição nenhuma entre o ensino científico da teologia e seu prolongamento pastoral. Pelo contrário: o primeiro era visto como preparação natural para o segundo. Pedro Cantor foi específico: «É depois da *lectio* da Escritura e depois do exame dos pontos duvidosos pela *disputatio*, e não antes, que se deve pregar».

Aliás, os mestres se preocupavam com esse aspecto e se esforçavam para colocar à disposição dos outros pregadores não somente os instrumentos de trabalho, mas também conclusões seguras para um uso mais fácil e correto do texto bíblico; muitas vezes, juntavam à sua própria *lectio*, ou sermões inteiros, ou projetos e sínteses de sermões que poderiam ajudar a fazer essa passagem para a *predicatio*. Eles mesmos sabiam muito bem como usar as próprias obras quando precisavam pregar. Tomás, deste modo, utilizou-se dos arquivos patrísticos que havia reunido na *Catena aurea* (da qual falaremos em breve).

Essa prática, que a teoria previa nos estatutos do corpo docente, foi bem executada. Os estatutos previam inclusive a instituição de uma comissão composta de quatro mestres em exercício e diretores de escolas (mestres-regentes, como diziam), encarregados de atribuir a outros os sermões que teriam de proferir no decorrer do ano. Também previa-se que, se o mestre designado não pudesse cumprir esta obrigação, deveria ser substituído por outro. A obrigação não se limitava aos domingos, mas se estendia às férias da faculdade de teologia; neste caso, a pregação ficava a cargo dos membros das ordens mendicantes, os frades menores ou pregadores.

Essas disposições estatutárias redobraram as exigências de Tomás em relação à sua vocação como frade pregador. Ele tinha de pregar ao menos algumas vezes por ano na universidade. Esses sermões universitários estão longe de terem conhecido a mesma difusão que o resto de sua pregação fora da cátedra. Ainda temos toda a série de sermões sobre o Pai-nosso, a Ave-Maria, o Credo ou o Decálogo, que tiveram enorme sucesso. Se cada uma dessas séries é atestada por pelo menos oitenta manuscritos, e até mesmo, como no caso do Credo, por cerca de 150, não há nenhum sermão acadêmico que tenha sido transmitido por mais de quatro – e, na maioria das vezes, não há nem mesmo um.

Foi preservado um número desses sermões universitários (cerca de vinte) que basta para podermos conhecer bem o estilo de pregação de Tomás, quiçá até as circunstâncias em que foram escritos. A mais pitoresca data de 6 de abril de 1259. Naquele dia, Domingo de Ramos, o censor da região da Picardia[1], um homem chamado Guillot, encarregou-se de interromper Tomás, que estava pregando, para tornar público, «perante o clero e o povo», um libelo de Guilherme de Saint-Amour contra os religiosos mendicantes. O episódio poderia ter sido cômico se não fosse seu tenso contexto, ao qual logo voltaremos. Como se pode imaginar, após o incidente, alguns desses sermões universitários tornaram-se instrumentos de combate. O tom muda, porém, quando Tomás fala a simples fiéis. Eis como comenta o Credo e enumera as razões que podem ter levado Cristo a descer aos infernos:

> A segunda razão consistia em socorrer seus amigos de maneira perfeita, pois ele tinha amigos não só neste mundo, mas também nos infernos[2]. Somos, de fato, amigos de Cristo se temos caridade; ora, nos infernos encontravam-se muitos que possuíam caridade e fé Naquele que haveria de vir, como Abraão, Isaac, Jacó, Moisés, Davi e muitos outros homens justos e perfeitos.

---

(1) As «nações» reuniam os mestres e estudantes de mesma origem. Eram quatro na universidade de Paris: a francesa, a normanda, a picarda e a inglesa. (N. T.)

(2) «Os "infernos" (não confundir com o *inferno* da condenação), ou mansão dos mortos, designam o estado de todos aqueles que, justos ou maus, morreram antes de Cristo. Com a alma unida à sua Pessoa divina, Jesus alcançou, nos infernos, os justos que esperavam seu Redentor para acederem finalmente à visão de Deus. Depois de, com sua morte, ter vencido a morte e o diabo "que da morte tem o poder" (Hb 2,14), libertou os justos que esperavam o Redentor e abriu-lhes as portas do Céu» (*Compêndio do Catecismo da Igreja Católica*, parte I, cap. II, n. 125). (N. T.)

Foi assim que Cristo, após ter visitado seus amigos que estavam no mundo e os socorrido com sua morte, quis também visitar seus amigos que se encontravam no inferno e socorrê-los.

Que eu saiba, essa argumentação é pouco frequente; aqui, está totalmente no centro de um autor para o qual o valor da amizade é bem conhecido e que usou, mais de uma vez, a analogia da amizade humana para falar de nosso relacionamento com Deus. Geralmente insuspeita, essa parte da produção literária de Tomás é preciosa para quem deseja melhor conhecê-lo. Ao contrário de muito dos seus contemporâneos, ele se distingue pela simplicidade, pela sobriedade e pela ausência de sutilezas escolásticas e palavras técnicas. Essa tendência à sobriedade não exclui apenas o vocabulário acadêmico, mas também uma recusa a voos oratórios. Se por um lado Tomás admite que os oradores precisam de uma arte que mova a afetividade, por outro se recusa a reduzir a esta arte a sabedoria do mundo. É por isso que dificilmente recorria às historietas (*exempla*) tão apreciadas pelos pregadores. Na verdade, chegava a alertar para o risco das frivolidades (*frivolitates*).

Assim, em sua resposta a Gérard, o leitor conventual de Besançon que lhe perguntara a respeito da forma da estrela que havia aparecido aos magos (uma cruz, um homem ou um crucifixo?), ele respondeu que não há nada nas Escrituras nem na Tradição em relação a isso, e ainda acrescentou, de maneira abrupta: «Não convém ao pregador da verdade se perder em fábulas inverificáveis». Para um intelectual como ele, a pregação de Tomás parecia espantosamente concreta, com base na experiência cotidiana, preocupada com a justiça social e a honestidade comercial. Vemos transparecer ali, decerto, a mentalidade dos ouvintes da época: superstições, antissemitismo, misoginia, etc.; por outro lado, é também impregnada de uma utilização maciça da Bíblia e de um profundo amor pela Palavra de Deus (é no contexto de uma pregação sobre a guarda do domingo que os judeus aparecem como exemplo aos cristãos, uma vez que passam o sábado a meditar a Escritura).

Quanto ao conteúdo, essa pregação retoma muitos dos temas a que tinham recorrido pregadores de todos os tempos: o sentido de Deus, a devoção à Virgem, a oração, a humildade (Tomás era aficionado pelo tema da «velhinha», a *vetula* que, na sua humildade, conhece mais sobre Deus do que o orgulhoso erudito)... Todavia, também tinha suas linhas mestras. Em primeiro lugar, a preocupação com o essencial, isto é, com a caridade: «Toda a lei de Cristo repousa na caridade». Depois, a imitação de Cristo: «Tudo o que o Senhor fez ou sofreu na carne é para nós exemplo e ensinamento salutares». O tema do homem como imagem de Deus também encontra lugar neste contexto, pois o Cristo veio restaurar a imagem desfigurada pelo pecado. Tomás insiste aqui na liberdade como sinal privilegiado de nossa semelhança com o divino. Por fim, sublinha fortemente o lugar do Espírito Santo como fonte de liberdade cristã, elo de comunhão eclesial, origem de nossa oração e realizador das exigências do Pai.

A abundância dos temas, bem como a forma como são tratados, permite observar a continuidade entre o ensino propriamente dito, a teologia pastoral e a espiritualidade. Não há interrupção quando Tomás passa da cátedra para o púlpito do pregador. Sua doutrina espiritual é uma dimensão implícita necessária de sua teologia. Ele não é somente um professor e um mestre do pensamento, mas também, e sobretudo, um mestre de vida.

IV
Um homem de combate

À primeira vista, o término da redação do comentário às *Sentenças* e o ensino das questões disputadas *De veritate* seriam mais do que suficientes para manter Tomás ocupado durante aqueles anos. Todavia, isso não é verdade. A essas duas obras principais é preciso juntar mais três escritos menores, mas muito importantes (*O ente e a essência*, *Os princípios da natureza* e o *Comentário ao Tratado da Trindade de Boécio*), assim como a defesa dos *Quodlibeta* VII-XI e, sobretudo, a publicação de um livro de polêmica pouco conhecido: *Contra os inimigos do culto de Deus e o estado religioso* [*Contra impugnantes*].

Devemos voltar a atenção para este último título e relembrar o contexto que lhe deu origem. Tudo começou por volta de 1230, com a chegada dos frades mendicantes, franciscanos e dominicanos à Universidade de Paris. Fundada aproximadamente em 1150, a instituição tivera Pedro Lombardo entre seus membros de maior prestígio, e na época de Tomás o número de cátedras de teologia era ainda limitado: doze ao todo, três delas reservadas por direito aos canonistas de Notre-Dame. Quando dois dos titulares de cátedra, Rolando de Cremona e João de Saint-Gilles, ingressaram na Ordem dos Padres Pregadores, e um terceiro, Alexandre de Hales, nos franciscanos, no que foi logo seguido por Boaventura de Bagnoregio, o número e a influência dos mestres seculares diminuíram. Enquanto a concorrência entre os mestres aumentava, a clientela (pagante) de alunos, muitas vezes seduzida pela novidade do ensino dos frades, dispersava.

Podemos deixar de lado os conflitos inglórios que marcaram essa história e as adversidades que os recém-chegados tiveram de suportar – revidadas, por sinal, golpe a golpe. É difícil imaginar a violência da briga. Durante o inverno de 1255-1256, os frades foram assaltados nas ruas e o Convento de Saint-Jacques teve de ser protegido pelos arqueiros do rei. Quando Tomás ministrou sua aula inaugural, foi sob a proteção deles que o fez, enquanto os manifestantes impediam a entrada dos estudantes. Isso já vinha acontecendo havia mais de vinte anos: Tomás, mestre já desde a primavera de 1256, só fora admitido na faculdade em 15 de agosto de 1257, e por intervenção do papa. Boaventura se encontrava na mesma situação e teve de esperar quatro anos.

O defensor da vida religiosa

Esta luta entra em sua fase doutrinal entre março e abril de 1256, com a publicação do livro de Guilherme de Saint-Amour intitulado *Tratado dos perigos dos últimos tempos*, no qual denunciava os novos pregadores e os colocava no mesmo saco de Gerardo de Borgo San Donnino, franciscano que havia sido condenado por teses heréticas. Sem hesitar, Tomás entrou no combate para refutar Guilherme e veio a publicar o *Contra impugnantes* entre maio e setembro do mesmo ano.

À primeira vista, não se trata do livro mais empolgante de Tomás. No entanto, ao examiná-lo com mais atenção, podemos ver que é assaz interessante. Como sugere o título, trata-se essencialmente de definir o que é uma ordem religiosa e de garantir aos religiosos o direito de ensinar e pertencer a um corpo docente. Tomás também defende o direito dos religiosos de pregar e confessar, mesmo que não tivessem encargo pastoral e mesmo que se vissem na obrigação de executar outros tipos de trabalho. Por isso, reivindica a eles o direito à mais absoluta pobreza, a fim de não serem consumidos por questões de administração financeira. Do mesmo modo, demonstra a injustiça das acusações infames formuladas contras as ordens mendicantes.

Seria exaustivo simplesmente percorrer esse imponente trabalho; não obstante, podemos apreciá-lo sob diversos pontos de vista. Alguns gostam de exaltar o sentido da história apregoado por Tomás, em oposição ao fixismo de Guilherme ou mesmo ao messianismo confuso de Gerardo. Todavia, a visão de vida religiosa que emerge de seu soberbo primeiro capítulo deve receber o destaque que merece. Na raiz da vida religiosa, Tomás coloca a via teologal cristã em toda a sua amplitude – antes de tudo a fé, primeiro elo entre o homem e Deus; e também a esperança e a caridade –, a fim de que todas as obras de caridade se tornem matéria desse «serviço» prestado a Deus na vida religiosa. É o que unifica tudo e o que o Novo Testamento chama de sacrifício espiritual: oferecer-se a si mesmo, de corpo e espírito, como vítima de agradável perfume apresentada a Deus, pelos votos de caridade e obediência, pela renúncia a posses, pela pobreza.

Doravante, dada a extensão da caridade em todas as obras da vida cristã, fica fácil para Tomás demonstrar que não há nenhuma obra de misericórdia (no sentido forte da palavra) que não possa ser objeto de uma ordem religiosa, *mesmo que ainda não tenha sido criada até o momento*. Por fim, basta apresentar a pregação e o ensino da teologia como uma obra de misericórdia espiritual («Ensinar é um ato de misericórdia») a fim de que seja legitimado, da mesma forma, o direito dos religiosos a ensinar e, consequentemente, a ordem dos pregadores, apesar da novidade de sua proposta.

Após a condenação de Guilherme pelas autoridades romanas e a retratação de seus colegas, o debate tornou-se mais moderado nos anos seguintes, e Tomás pôde terminar seu primeiro ano como mestre em Paris num ambiente mais pacífico. No entanto, essa tranquilidade durou pouco. Para evitar demoras, resumamos a sequência dos acontecimentos: logo começou uma nova onda de ataque aos religiosos; desta vez, encabeçada por Geraldo de Abavila, que era muito ativo na Universidade e um dos raros mestres que, como Tomás, mantinha seus dois *quolibets* anuais. Em posição privilegiada, qual um verdadeiro «príncipe da Igreja», ele pode ser considerado um dos fundadores da biblioteca da Sorbonne, uma vez que deixou mais de trezentos volumes para a escola fundada por seu amigo Roberto de Sorbon. Geraldo foi adversário dos mendicantes até depois de morto e deixou explícito que, se deixava seus livros para estudantes pobres, era na condição de que não fossem religiosos.

Podemos pular os detalhes desse novo confronto. Todavia, é possível que o ressurgimento dessa animosidade tenha sido uma das razões para o retorno de Tomás a Paris no outono de 1268, do qual falaremos em breve. De todo modo, na primavera de 1269, ele retornou ao debate com o *quodlibet* de Páscoa; na mesma época, escreveu *A perfeição da vida espiritual*. Muito mais curto do que o *Contra impugnantes*, este é um livro agradável e mais fácil de ler. Pode-se dizer, sem hesitação, que trata-se de uma joia da literatura espiritual. Além disso, é um marco importante no desenvolvimento do pensamento tomasiano a respeito da doutrina do Sacramento da Ordem.

Nessa mesma época, veio a público ainda uma terceira obra de literatura polêmica que volta-se, nas palavras de sua conclusão, «contra a doutrina errada e perniciosa daqueles que desviam os homens da religião»: *Contra retrahentes*. Defende a possibilidade de admitir jovens à vida religiosa e aqueles que se comprometem com ela pela profissão de votos. O autor insiste em temas que lhe são caros: a primazia absoluta da caridade e a pobreza voluntária e mendicante. Todavia, não estava em nenhum desses temas a raiz da disputa, mas somente suas linhas mais aparentes. Tomás faz a defesa de um dos aspectos mais novos de sua ordem e dedica a ela seus capítulos mais amplos, mas sem dar ênfase à pobreza em si:

> Se examinarmos com atenção as palavras do Senhor, não é no próprio abandono das riquezas que Ele coloca a perfeição; antes, mostra-o apenas como

via que conduz a ela, do que dá mostra sua própria maneira de falar: «Se queres ser perfeito, vai, vende o que possuis, dá aos pobres e segue-me» (Mt 19, 21). Ou seja: consiste a perfeição em seguir a Cristo, e renunciar às riquezas faz-nos caminhar nesta via.

Pode-se notar que o alvo aqui não são mais os seculares, mas os franciscanos, que não concordavam e violentamente atacavam a teoria tomista da pobreza como meio simples de alcançar o ideal da vida religiosa. Deste modo, Tomás libertou sua Ordem das intermináveis disputas que continuavam a agitar as muitas correntes franciscanas relativas à pobreza perfeita.

No entanto, é preciso ressaltar nesses textos o lugar dado ao «seguimento de Cristo». Tomás revela ali uma mística pessoal de apego ao Cristo pobre que pode ser explicada, em parte, pelas lutas que ele próprio teve de enfrentar para se tornar membro da família religiosa dos dominicanos. Além disso, sua famosa teoria da superioridade da vida apostólica sobre a vida meramente contemplativa apoia-se de modo direto no exemplo deixado por Cristo. Paradoxalmente, ele chega a assegurar que o próprio Cristo escolheu esta vida por ser ela superior:

> A vida contemplativa é melhor do que a vida ativa que se ocupa apenas das necessidade corporais; todavia, a vida ativa que consiste em servir aos outros mediante a pregação e o ensino da verdade que se contemplou é mais perfeita do que a vida só contemplativa, pois pressupõe uma plenitude de contemplação. E foi por isso que Cristo escolheu uma vida assim.

Depois de Cristo, sua referência máxima vinha da Igreja primitiva. Herdeiro fiel de sucessivos renascimentos da vida religiosa que haviam seguido o modelo de vida comunitária dos apóstolos (*vita apostolica*), Tomás diz que é na Igreja primitiva que encontramos o estado religioso mais perfeito. Diante de Guilherme de Saint-Amour, que instituíra uma regra jurídica grosseira, tomando por base a Igreja primitiva, contra as «inovações» dos mendicantes, Tomás expôs a fundamentação bíblica que assegurava a legitimidade de suas fundações. Uma vez que se tratava do modo de vida dos apóstolos, claríssimo estava que se podia segui-lo numa ordem religiosa instituída para este fim.

> Toda ordem religiosa foi fundada segundo o modo de vida apostólico, conforme se diz nos Atos dos Apóstolos: «Tudo era comum entre eles». A vida apostólica era tal que, depois de terem abandonado tudo, foram para o mundo a fim de evangelizar e pregar, como se nota em Mateus 10, em que isso lhes é imposto como regra. Portanto, pode-se muito bem instituir uma ordem religiosa voltada a essas duas tarefas.

Um mestre polemista

Lembremos que nossa proposta consiste em apresentar o pensamento de Tomás de Aquino sem deixar de mencionar sua vida pessoal. Esses últimos livros, no entanto, estão entre aqueles em que se pode compreender melhor o caráter apaixonado de seu temperamento. Não carecem nem de vigor nem de firmeza, nem mesmo às vezes de certa «ironia sarcástica que surge de vez em quando» no *Contra impugnantes* (M. Dufeil). Assim, diante de Guilherme de Saint-Amour, que afirmara não ser possível pertencer a duas escolas ao mesmo tempo (ao corpo docente dos mestres e a uma família religiosa), Tomás respondeu que os cânones eclesiásticos não proibiam essa filiação simultânea, e sim que alguém pertencesse a duas escolas eclesiásticas simultaneamente. Não era permitido ser cônego de duas igrejas diferentes, e este era justamente o caso de Guilherme.

É esclarecedor reler esse ponto de vista na conclusão de *A perfeição da vida espiritual*, que termina com um verdadeiro desafio:

> Seria agradabilíssimo que alguém escrevesse contra esta obra; deixar-me-ia assaz contente, pois a verdade se manifesta ainda mais quando resiste aos que a contradizem e refuta seus erros. Como diz o livro dos Provérbios (27, 17): «O ferro com ferro se afia, e o homem pelo contato com o próximo».

O final do *Contra impugnantes* não é menos combativo:

> Se quiser alguém contradizer esta obra, que não fique a tagarelar diante de garotos; antes, escreva uma obra e a publique, para que pessoas competentes possam julgar nela o que há de verdadeiro e de falso, por meio da autoridade da verdade.

No entanto, é sobretudo na *Unidade do intelecto*, da qual falaremos adiante, que a safra desses traços de impaciência mostra-se mais abundante. Explicam-no, em parte, o calor da discussão e a natureza crucial do assunto. É neste livro que Averróis é chamado de «corruptor» e acusado de ter pervertido o pensamento aristotélico. E, embora, a inteligência de Averróis não seja posta em dúvida, por outro lado Tomás questiona a dos seus adversários parisienses, dirigindo-se a eles de forma bastante rude: «Os que defendem essa posição devem confessar que não compreenderam nada e que, por conseguinte, não são dignos de discutir com aqueles que pretendem atacar». Podemos pular outras amenidades do gênero e ir direto à célebre conclusão:

> Se alguém, gabando-se de uma falsa ciência, pretendesse argumentar contra o que acabo de escrever, que não vá tagarelar pelos cantos ou diante de crianças incapazes de julgar matéria tão difícil; que escreva contra esta obra, se capaz. Neste caso, terá de lidar não apenas comigo, que sou de todos o menor, mas com uma multidão de outros amantes da verdade que saberão resistir a seu erro e vir em socorro de tamanha ignorância.

É preciso reconhecer que não é nessas polêmicas que encontramos o que há de melhor em Tomás. O homem que assim se expressa não tem nada do intelectual tímido, introspectivo. Pelo contrário, mostra consciência de seu valor e não teme enfrentar seus adversários. No máximo, talvez venha a se lamentar profundamente por não encontrar um à sua altura. Notamos uma sensibilidade vibrante, a qual ele é obrigado a conter para que não venha à tona com muita frequência.

A análise de sua escrita aponta para a mesma direção. Vale reproduzir as expressões que surgem com mais frequência no austero e apaixonante estudo de Gils, grafólogo de grande competência. Tomás é «tenso e apressado»; «gostaria de ir mais rápido»; «esta paciência» que precisaria para escrever corretamente, «Tomás não a possuía». Foi por perceber que seu modo de escrita tinha se tornado lendariamente difícil, sendo muitas vezes mal interpretado por seus próprios assistentes, que Tomás se esforçou para ser mais claro. «Apressado», «cansado», «distraído», ele deixou «lapsos», «cacofonias» e «confusões» em seu texto. No seu esforço para compor, quando lhe fugia o assunto ou a palavra, e quando retomava até três vezes o mesmo parágrafo, «ocorria-lhe escrever o contrário do que estava pensando, esquecia palavras», quebrava a sequência das frases e... nem sempre se corrigia. Como não é possível enumerar tudo, retenhamo-nos neste resumo final:

> São Tomás é um homem apressado. Esbarra nas exigências da escrita. Experimenta constantemente suas próprias distrações, que o obrigam a hesitar e voltar atrás. Luta contra o ordenamento de seu pensamento e com os meios para exprimi-los. É ao mesmo tempo minucioso e indiferente às inconsequências que seu irresistível impulso de seguir adiante o faz cometer.

* * *

Certamente, esse retrato dificilmente se harmoniza com o do pensador atemporal que veio a ser chamado de «Doutor Comum» ou «Doutor Angélico». Dirão alguns que, mesmo que um tal retrato corresponda à realidade, em última análise pouco tem que ver com seu pensamento. Isso, porém, está longe de ser veraz, e o progresso que se pode constatar na escrita sucessiva de determinados pontos doutrinais dá testemunho disso. Cremos ser necessário se interessar até pelo que ele esteve pensando no momento da sua morte. Sem dúvida, há mais a ganhar do que perder nesse tipo de pesquisa.

Portanto, sem ir muito além na questão de seu desenvolvimento intelectual, seria estranho não demonstrar interesse na pessoa e no modelo de vida cristã de alguém que também acabou por ser venerado como santo. Não há dúvida de que há continuidade entre este homem e o homem que escreve da maneira como escrevia, que desafiava tão alegremente seus oponentes e se irritava com suas inconsistências. Admira-se, pois, ainda mais o domínio virtuoso que deve ter guiado a gênese de suas obras mais polidas, nas quais esses estados de espírito dificilmente aparecem. As impaciências que se sobressaem da comparação entre essas linguagens mostram de forma eloquente que a espontaneidade na moderação de seu gênio foi, de fato, fruto de uma conquista virtuosa por parte de Tomás.

V

A *Suma contra os gentios*

Se há algo que impressiona aqueles que procuram descobrir quem foi Tomás de Aquino é o número de suas viagens. Nós o encontramos primeiro em Nápoles; depois, em Roma; uma primeira vez em Paris, na época de seus estudos; depois em Colônia, para onde seguiu com o mestre Alberto; e, por fim, de novo em Paris, para onde retornara como professor em 1251-52 a 1259. Agora o veremos novamente a caminho da Itália, onde novas tarefas o esperam. Poucos anos depois, regressaria uma terceira vez a Paris, antes de ir para Nápoles, terra de sua juventude, a fim de encerrar seus dias. Pode-se estimar que tenha percorrido cerca de dez mil quilômetros – a maior parte a pé, pois os frades estavam proibidos de utilizar cavalos. Hoje em dia, em que trens e aviões são comuns, é admirável o vigor físico e, sobretudo, a capacidade de deslocamento de um homem que imaginamos confinado em seus livros, bem como a facilidade com que era capaz de cruzar fronteiras. Com a ajuda do latim, ele se sentia em casa em todos os lugares: era um europeu *avant la lettre*.

No início de junho de 1259, Tomás foi primeiro de Paris a Valenciannes, no norte da França, onde deu-se o Capítulo Geral da ordem dominicana. Participou dos trabalhos de uma comissão encarregada da promoção dos estudos. Composta de cinco membros, todos mestres em teologia por Paris, a comissão tinha sido convocada pelo mestre-geral, Humberto de Romans, e reunia a elite intelectual da Ordem. Tinha como propósito redigir uma série de recomendações a serem incorporadas nas atas do Capítulo. Essas recomendações apresentam um bom retrato do trabalho da comissão e do ideal da Ordem em relação ao assunto, e ainda revelam uma nova situação: se as primeiras gerações dominicanas haviam sido compostas de pessoas muitas vezes já formadas, capazes de assumir imediatamente responsabilidades gerenciais ou docentes, o afluxo de vocações trouxera pessoas mais novas, que necessitavam de bases elementares. Estas bases, portanto, precisavam ser providenciadas. Muito do trabalho de Tomás responde a essa necessidade. O exemplo mais claro disso é a *Suma teológica*, à qual voltaremos. Antes, devemos falar da *Suma contra os gentios*, que lhe é anterior.

Data e propósito

Após o Capítulo de Valenciannes, Tomás provavelmente voltou a Paris, ao menos de maneira provisória. Não sabemos exatamente quando partiu para a Itália. É bem provável que tenha retornado a Nápoles, para seu convento original, onde passara sua agitada infância dominicana. Também não temos nenhuma indicação de que tenha lecionado ali. A única certeza a respeito deste tempo é a de que Tomás já havia começado a escrever a *Suma contra os gentios* em Paris. O que nos permite afirmá-lo é a sobrevivência dos manuscritos deste livro. Seu início foi redigido com o mesmo pergaminho e a mesma tinta parisiense de outra obra que sabemos ter sido escrita em Paris alguns meses antes. Daí a óbvia conclusão: a mudança de pergaminho data da época em que Tomás trocou Paris pela Itália. A importância dessa mudança de material vem de que, em conjunto com vários outros indícios, permite aos historiadores sugerir um provável calendário para a data da redação da obra, a qual se estendeu por cinco anos: do verão de 1259 a 1264-65. Não se trata, porém, apenas de uma simples fixação de data, mas da possibilidade de acompanhar o autor na evolução de suas ideias, bem como de situar outras obras em relação a essa. O próprio Tomás se refere à *Suma contra os gentios* várias vezes em *As razões da fé*, no *Compêndio de teologia* – cujas relações com o *Contra os gentios* são estreitas e manifestas – e, finalmente, no *Comentário ao* Sobre a alma *de Aristóteles*, onde dispensa uma longa refutação a Averróis por já tê-la feito amplamente em outras obras. Todos esses são livros que datam do início de 1265.

Se as datas referentes à redação estão claras, o mesmo não se pode dizer sobre a intenção do *Livro da verdade da fé católica contra os erros dos infiéis* (seu título completo, qual designado pelas primeiras palavras do manuscrito). Quem são esses «gentios» mencionados no título? Em poucas palavras, no Novo Testamento os gentios eram os não judeus; no livro de Tomás, os não cristãos. Uma tradição tardia resumiu assim uma solução tida como certa por muito tempo: Tomás teria escrito a obra a pedido de Raimundo de Penaforte, o mestre da Ordem, que supostamente solicitara ao jovem confrade um livro para que os missionários na terra do islã, ainda próximos da Espanha, pudessem encontrar as armas intelectuais necessárias para sua missão. No entanto, se formos atentos, veremos que Tomás não visa especialmente Averróis ou o islã; seu trabalho é muito mais amplo: trata-se do exame crítico de um conjunto de posições errôneas (pagãs, muçulmanas, judaicas, heréticas). Sua proposta não é simplesmente apologética, mas, antes, a de redigir uma obra teológica tanto no seu propósito de sabedoria como em seu método. Isso, porém, certamente não nos impede de ver ali uma intenção apostólica universal e, depois, a intuição original do autor: a de elaborar um texto dirigido aos cristãos chamados a travar contato com os não cristãos, a fim de se prepararem, se não para dialogar com eles, ao menos para se familiarizarem com suas objeções e suas dificuldades – e, eventualmente, respondê-las.

Convite à humildade

Quanto ao método e ao plano desta obra, Tomás os explicou claramente num belo texto que deve ser amplamente reproduzido e comentado, uma vez que não apenas traz uma versão resumida de sua concepção teológica, mas também esclarece que está propondo uma obra pessoal. Trata-se de uma perspectiva privilegiada para quem deseja conhecer melhor a pessoa, e não apenas seu trabalho. Após três anos de regência, o jovem mestre, em plena posse de seu talento e em perfeita consciência do que queria fazer, inicia sua primeira síntese:

> Extraindo da misericórdia de Deus a ousadia de assumir o ofício da sabedoria – que excede nossas forças –, propusemo-nos, como objetivo, a *expor*, de acordo com nossa medida, *a verdade professada pela fé católica* e *rejeitar os erros contrários*. Nas palavras de Santo Hilário, *a principal função de minha vida, à qual me sinto conscientemente obrigado diante de Deus, é fazer que todas as minhas palavras e sentimentos falem Dele.*

Muito citada – e com razão –, esta passagem notabiliza-se pelo seu tom, e é isso o que torna a *Suma contra os gentios* muito mais do que um curso ou uma obra didática. Ela consiste, sobretudo, num ensaio de reflexões pessoais. Quanto à sua concepção da teologia, é preciso analisá-la com calma, pois o texto revela uma constante que encontramos de uma forma ou de outra sempre que Tomás aborda o assunto em outras obras. Ele atribui, de forma direta, duas tarefas principais ao teólogo e expressa tanto uma confiança resoluta no uso da razão na teologia quanto uma clara consciência do que não se pode exigir de um teólogo. Tomás prossegue assim:

> A manifestação da verdade às vezes exige que se proceda pela via das razões demonstrativas, capazes de convencer o adversário. Tais razões, porém, não se aplicam a todos os casos, quando ocorre que não se deve ter por objetivo convencer o adversário pela argumentação, mas invalidar os argumentos que ele apresenta contra a verdade, dado que a razão natu-

> ral não pode ir contra a verdade da fé. Essa maneira particular de convencer quem se opõe a tal verdade é extraída das Escrituras e divinamente confirmada pelos milagres. De fato, no que excede a razão humana, cremos somente pela Revelação de Deus. No intuito de esclarecer esta verdade, pode-se, portanto, apresentar certos argumentos de verossimilhança dos quais a fé dos fiéis retira seu exercício e repouso, sem que sejam de natureza tal que convença os adversários. Contudo, a própria insuficiência desses argumentos os confirmaria mais em seus erros, fazendo-os pensar que consentimos na verdade de fé por razões assaz débeis.

Não se poderia imaginar uma recomendação mais forte dirigida ao teólogo. Ele não deve construir um sistema hipotético que venha a substituir sua própria visão das coisas de Deus. Muito humildemente, o verdadeiro teólogo quer permanecer realista e se aproximar ainda mais do dado revelado. Tomás não esquece que sua construção se baseia na Revelação. Na feliz expressão dos antigos, a «economia», o modo como Deus se faz conhecer na história da salvação, é seu único caminho para a «teologia», para a reflexão sobre o mistério de Deus, autor da história da salvação.

A sequência do texto é apenas o outro lado da mesma verdade, bem como um novo convite à modéstia. Tomás certamente conhece a força da razão, mas também seus limites. Assim, ilustra seu ponto com um exemplo concreto:

> Pretender demonstrar a Trindade pela razão natural é cometer um mal duplo à fé [...]. Em primeiro

lugar, consiste em compreender mal a dignidade da própria fé, que tem por objetivo as coisas invisíveis que excedem a razão humana. [...] Depois, compromete os meios de trazer algumas pessoas à fé. De fato, apresentar como prova de fé as razões que não o são é *expor essa fé ao desprezo dos infiéis*, pois eles pensam que nós nos apoiamos nessas razões, que cremos por causa delas.

Tendo isto como pano de fundo – que devemos guardar na memória, pois, apesar das aparências, Tomás não o esquece jamais –, ele agora pode explicar melhor o que pretende realizar na *Suma contra os gentios*:

> Pretendendo proceder nesta obra segundo o método proposto, buscaremos manifestar essa verdade professada pela fé – e investigada pela razão – apresentando argumentos demonstrativos e prováveis, alguns dos quais extraídos das obras de filósofos e de santos [Padres da Igreja], e que nos servirão para confirmar a verdade e convencer os adversários. Em seguida, partindo das coisas mais claras para as menos claras, exporemos esta verdade que supera a razão, refutando os argumentos adversários e *esclarecendo, na medida em que Deus nos permitir, a verdade de fé mediante argumentos prováveis e de autoridade.*

Em posse de seu método, Tomás já pode esboçar o plano de seus três primeiros livros:

> Portanto, propondo-se seguir pela via da razão as verdades referentes a Deus que a razão humana pode descobrir, investigaremos, primeiramente, tudo o

> que é próprio de Deus em si mesmo. Então, em segundo lugar, investigaremos o surgimento das criaturas a partir de Deus. Por fim, em terceiro lugar, veremos a ordenação das criaturas vindas de Deus, na medida em que Nele têm seu fim.

Essas últimas palavras delineiam o plano dos três primeiros livros, dedicados às verdades acessíveis à razão. Em palavras mais simples, ele trata: i) da existência de Deus e das perfeições divinas; ii) do ato da Criação em si e de tudo o que implica para o universo ter em Deus a sua origem; e iii) do retorno da criatura para Deus, sob a orientação da Providência.

Esse esboço do plano ainda não fala de Cristo nem da Trindade. Tomás reserva isso para o quarto livro da obra, com sua explicação da verdade de fé que excede a razão. Aqui há somente as razões *prováveis* (relativas), e não mais as *necessárias* (restritivas). Isso, contudo, não impede que ele diga algo sobre o mistério. Como explica alhures, são dois os tipos de disputas teológicas: uma que repele os erros e outra que torna a verdade inteligível.

Considerando somente a primeira, pode-se saber, sem dúvida, o que é verdadeiro e o que é falso, mas não se tem ideia do que significa a verdade que está sendo proposta – e, assim, iremos embora com a cabeça vazia. Tomás pensava de forma semelhante ao que Montaigne dizia: «Mais vale uma cabeça feita do que uma bem cheia».

Nosso conhecimento de Deus

Seria presunçoso querer expor em poucas linhas uma ideia geral do conteúdo de uma obra tão fecunda. Portanto, bastam aqui algumas palavras sobre dois assuntos principais que podem muito bem nos apresentar ao pensamento do mestre: o nosso conhecimento de Deus e a concepção do homem, isto é, a antropologia.

Primeiro, o tratado de Deus (Livro I), que vem logo após o «plano da obra» e trata imediatamente da existência divina. Como não é, por si mesma, evidente para nós, é preciso que seja demonstrada, pois trata-se do «fundamento necessário à obra inteira [...]. Se isso não é estabelecido, todo o estudo das realidades divinas fatalmente desmorona». No entanto, provar a existência de Deus não é o suficiente, e por isso Tomás recorre rapidamente ao papel desempenhado pelo que, na sua argumentação, chama de *via negativa*: pela via positiva, diz, só podemos estabelecer a *existência* de Deus quando se trata de sua *substância*. Caso contrário, esta via se torna inadequada:

> A substância divina excede, por sua imensidão, todas as formas que nossa inteligência pode alcançar. Portanto, não podemos conhecê-la naquilo que é. Podemos, no entanto, ter algum conhecimento ao examiná-la a partir do que *ela não é*. E mais iremos nos aproximamos de seu conhecimento quanto mais nossa inteligência puder remover-lhe os atributos.

O alcance dessas linhas é imenso. Para Tomás, nada se sabe de Deus por aquilo que Ele é, mas podemos distingui-lo de tudo o que Ele não é. Dessa forma, de negação em negação, chegaremos a «um conhecimento adequado da substância divina, na medida em que Deus é tido por distinto de todas as coisas. Todavia, não haverá conhecimento perfeito, pois se ignorará aquilo que

Ele é em si». Por conseguinte, todo discurso teológico é apresentado na *Suma contra os gentios* com uma declaração de certa impotência. Os estudiosos dão a isso o nome de «apofatismo», palavra que deriva do grego (*apophemi*, «negar») e resume o que estamos tentando dizer. Essa abordagem da teologia progride de negação em negação, de modo que até as afirmações – e elas existem! – se desenvolvem sob uma «nuvem de ignorância», para usarmos a linguagem dos místicos. Essa consciência da inacessibilidade de Deus é encontrada de maneira recorrente no final da vida do autor, muito embora ela jamais tenha cessado de acompanhá-lo em seu caminho. Podemos encontrá-la tanto na *Suma teológica* quanto nos *Comentários às Sentenças*.

Os leitores familiarizados com a história do pensamento medieval hão de questionar o que Tomás de Aquino deve a Maimônides (1138-1204) e seu *Guia dos perplexos*. O agudo senso de transcendência divina do autor judeu levou Tomás a colocar a via da negação e dos atributos negativos em primeiro plano, fazendo-o assim afirmar que não poderia saber «o que é Deus», mas somente que «Ele existe» – e isso com a condição de conceber essa existência divina de maneira totalmente diferente da nossa. Contudo, é preciso deixar claro que Tomás foi muito além de Maimônides. Com efeito, não adianta dizer que Deus não é um leão ou uma rocha (para nos valermos de termos bíblicos) quando se quer dizer que Ele é um homem. Da mesma forma, não se dirá que Deus é vivo ou que não é bom à maneira dos homens quando se pretende afirmar que nosso ser ou nossa bondade não tem relação alguma com os de Deus.

A bondade é somente um exemplo dentre todas as perfeições divinas; de todo modo, é preciso começar por distinguir entre determinada perfeição e a maneira pela qual ela se realiza em Deus. De início, portanto, podemos dizer o seguinte: Deus não é bom como um homem é bom, mas é a causa da bondade de todos os homens e da bondade de todo o universo. Ele é sumamente bom. Portanto, não podemos correr o risco de limitar Deus ao mesmo gênero de bondade que a nossa.

Sigamos na via negativa, em que ainda podemos avançar mais: Deus não é bom da mesma maneira que somos bons. Ele é bom à sua própria maneira, que permanecerá desconhecida para nós. Isso é mais ou menos o que queremos dizer quando falamos de um conhecimento análogo de Deus. Tomás nos deu os meios de elaborar um discurso válido sobre Deus – possibilitando-nos alcançar e realmente dizer algo sobre Ele –, mas sem deixar de respeitar seu mistério, uma vez que nos escapa o modo propriamente divino em que se realiza a perfeição. De acordo com o Concílio de Latrão (1215), que Tomás sem dúvida conhecia, «entre o Criador e a criatura não é possível notar semelhança sem que a dessemelhança seja ainda maior».

Tendo essa base consolidada e sempre presente, Tomás pôde enumerar todas as perfeições divinas como se delas nada ignorasse; pôde assegurar que Deus é sumamente perfeito e, ainda assim, objeto de conhecimento e nominação «analógico», levando em conta as diferenças que se impõem. O teólogo pode, de fato, falar de Deus – caso contrário, teria de se calar. Esse discurso só é possível com base no que o próprio Deus nos ofereceu por meio da Revelação, mas ainda assim é possível. É aqui que Tomás difere radicalmente de Maimônides. Deste modo, quando falamos que Deus é Pai, sabemos bem que Ele não é nosso pai da maneira como é o Pai do Verbo. Não se pode colocar a paternidade divina e a paternidade humana sob o mesmo guarda-chuva. Contudo, Ele é verdadeiramente pai, e é dele que toda paternidade toma seu nome.

O governo divino e o homem

Uma vez que não podemos esgotar o assunto aqui, passemos ao segundo tema escolhido: a doutrina do homem. No Livro III da *Suma contra os gentios*, Tomás expõe seus pensamentos a respeito da Providência e do governo divino (em outras palavras, sobre como Deus cuida do universo que criou, governa e conduz para si). Sem perder Deus-Criador de vista, Tomás se propõe a olhar mais detalhadamente para a criatura: o homem. Em ligação direta com o que fora exposto, ele não se contenta em dizer que Deus é bom e a causa da bondade dos seres que criou, mas quer desenvolver ainda mais as implicações dessa visão fundamental. Algumas são imediatas: à luz da doutrina dos transcendentais, que pode ser encontrada na primeira página do *De Veritate*, entendemos de pronto que, se a criatura é por definição um ente criado, também tem sua própria verdade, bondade, beleza, etc., de acordo com seu grau de ser. Esta afirmação geral, já verdadeira de modo absoluto, Tomás quer aplicar à realidade tal qual a conhecemos.

Em outras palavras, ao passarmos para o governo do mundo, saímos do âmbito da eternidade divina, onde se situa a Providência pela qual Deus conduz todas as coisas ao seu fim, para entrar no tempo em que se realiza concretamente o plano providencial. Na linguagem de Tomás, trata-se da passagem do *pensamento* (da *ratio*, segundo ele) divino a respeito da ordenação de todas as coisas a seu fim à *execução* dessa ordenação, com todas as vicissitudes que afetam os rumos deste mundo. Se a Providência atinge absolutamente todos os seres de maneira imediata, o governo divino também faz uso de causas secundárias: Deus alcança seu fim por meio de vários intermediários – incluindo vocês e eu. Permanece, porém, na ordem geral da Providência, pois Deus não cessa de estar sempre presente em todas as coisas que extraem Dele a própria vida, o movimento e o ser. É sempre Deus quem dá aos seres não somente a possibilidade de serem bons como Ele é bom, mas também de serem, por si sós, causa da bondade para os outros. E é aqui que encontramos o lugar do homem no universo.

Para nos atermos a um só aspecto da bondade fundamental das coisas, Tomás traz à tona o tema da semelhança entre o efeito e sua causa. Mesmo antes de chegar ao tema especificamente teológico do homem como imagem de Deus, já se pode dizer que a criatura se assemelha a Deus num duplo sentido: «ela é boa como o próprio Deus é bom», mas também «ao mover outra criatura para a bondade, uma vez que o próprio Deus é a causa da bondade nos seres». É desse duplo aspecto que deriva o efeito duplo do governo de Deus em sua Criação: a *conservação* das coisas no bem e o *movimento* delas para o bem.

Em lugar nenhum essa doutrina é desenvolvida com tanta ênfase como no Livro III da *Suma contra os gentios*. O desafio surge com toda a sua clareza quando se aborda o posicionamento de alguns teólogos muçulmanos que afirmavam que «nenhuma criatura teria atividade própria na produção dos efeitos constatados na natureza: deste modo, o fogo não se aqueceria, mas Deus causaria o calor no fogo, e assim sucessivamente em todos os tipos de efeitos naturais». Em favor dessa estranha posição, eles recorriam a uma série de razões que acabavam por demonstrar a ineficácia de todo agir humano, a inexistência real de toda causa inferior. No fundo, Deus seria o único a realmente agir em todas as causas aparentes deste mundo. Poder-se-ia falar, aqui, do *ocasionalismo*: Deus só aproveitaria a ocasião de nossos pensamentos, gestos ou movimentos para produzir o efeito correspondente; do mesmo modo, do *fatalismo*, pois o destino já estaria dado.

Tomás não encontra dificuldades em formular as objeções imediatas que o bom senso opõe a esta curiosa teoria:

> Na hipótese da ineficácia absoluta das criaturas, seria Deus quem produziria tudo de maneira imediata, e assim Ele se serviria inutilmente das criaturas na produção dos seus efeitos.

Isso em nada se assemelha à ideia que se faz da sabedoria divina. Também sabemos que, «se Deus comunicou às criaturas sua semelhança no ser, dando-lhes a oportunidade de existir, comunicou-lhes também sua semelhança no agir, para que as criaturas tivessem sua própria atividade». Isso, porém, não é tudo: frei Tomás deseja demonstrar que a doutrina que pretende exaltar a Deus ao reservar para Ele a eficácia de toda causalidade acaba por desrespeitá-lo, fazendo dele uma ideia muito pequena:

> A perfeição do efeito é o sinal da perfeição de sua causa, pois, quanto mais potente é sua força, mais perfeito é o seu efeito. Ora, Deus é agente perfeitíssimo. Logo, é necessário que dê perfeição às coisas que criou. *Portanto, diminuir o que quer que seja na perfeição das criaturas é tirar algo da perfeição da potência divina.* Portanto, na hipótese da ineficácia de toda a criatura, a perfeição do mundo criado seria assaz diminuída, pois é próprio da plenitude da perfeição de um ser comunicar a outro a sua própria perfeição. *A tese em questão, portanto, diminui o poder divino.*

Tomás ainda desenvolve outros argumentos contra esta teoria, concluindo em termos semelhantes:

> Deus comunicou sua bondade às criaturas de tal forma que uma possa transmitir às outras a bondade recebida. *Portanto, negar que os seres possam ter ações próprias seria diminuir a bondade divina.*

Sobretudo diante das palavras grifadas, notamos que, por três vezes em poucos parágrafos, Tomás insiste em que diminuir a criatura é reduzir o Criador. Para ele, não se trata de exaltar Deus às custas do homem; antes, opondo-se a uma espiritualidade segundo a qual a criatura não seria nada e, portanto, o homem deveria se aniquilar para que Deus fosse glorificado, Tomás estava convicto de que Deus é ainda maior quando o homem maior se torna.

VI
A estadia em Orvieto (1261-1265)

Mesmo se afirmássemos que Tomás teve meses livres para escrever a *Suma contra os gentios*, não poderíamos concluir que não tivesse outras obrigações. Em 14 de setembro de 1261, ele foi nomeado «leitor» do convento de Orvieto, pequena cidade ao norte de Roma onde ficava a Cúria Pontifícia. O papel de leitor havia de ser exercido em cada convento dominicano, a fim de assegurar que a formação permanente dos frades seguisse as recomendações do Capítulo Geral de Valenciennes, ocorrida dois anos antes. Desse modo, Tomás teve de se dedicar ao ensino regular dos irmãos que não haviam tido a oportunidade de estudar em Paris ou Bolonha – caso de nove em cada dez deles –, preparando-os da melhor forma possível para as duas missões principais confiadas aos dominicanos pelo Papa Honório II: a pregação e a confissão «para a salvação das almas», na expressão ostentada pela Constituição da Ordem dos Pregadores. Assim, a primeira missão de Tomás consistiu em treinar esses irmãos na prática pastoral. Além disso, tinha de ser fiel a seu ensino diário da Bíblia, e para isso escolheu o livro de Jó.

Comentário ao livro de Jó

Um dos temas principais desta obra e, portanto, do comentário é o mistério da Providência. Tomás é muito claro sobre seu objeto: «Toda a intenção deste livro está em mostrar, por meio de razões prováveis, que as coisas humanas são governadas pela Providência Divina». No entanto, este é também o tema central do Livro III da *Suma contra os gentios*, escrito mais ou menos na mesma época. Portanto, é bastante coerente que Tomás tenha escolhido para seus comentários o livro de Jó, pois assim não dispersaria muito seu pensamento.

Como estímulo à sua leitura, podemos dizer que trata-se de um dos mais belos comentários das Escrituras que Tomás nos legou. Ao mesmo tempo, é bom estar ciente de seu caráter escolástico e teológico, a fim de que não se espere de seus comentários bíblicos o que normalmente se busca nos autores modernos. Tampouco se deve esperar a aplicação espiritual imediata que Gregório Magno oferecera aos seus leitores, no próprio comentário a Jó, 650 anos antes. Isso Tomás deixa explícito já em sua introdução. Em sua célebre obra, Gregório defende que o Livro de Jó é uma exortação à paciência nas provações: sua intenção era moralizante, portanto. Tomás, por outro lado, usa a história de Jó para passar à questão metafísica da Providência. Na verdade, para que o sofrimento dos justos seja um problema, primeiro é preciso concordar com a existência de um governo divino das coisas naturais. Vai contra a ideia da Providência que os justos sejam afligidos sem causa.

Um dos traços originais desse comentário está na forma como Tomás explica os propósitos de Jó – mesmo os mais excessivos. Ali, ele descobre os caminhos percorridos pelos justos: da dilaceração de sua sensibilidade, Jó passa à discussão racional com os amigos, para finalmente ceder à inspiração divina e aderir totalmente aos desígnios de Deus, sem que seja violentado em sua liberdade. Trata-se, ademais, do mesmo homem do começo ao fim do processo, de modo que a evolução humana e religiosa é devidamente compreendida.

A exemplo do próprio livro bíblico, o comentário de Tomás reflete sobre as questões mais fundamentais a serem propostas ao homem, visto que a trágica realidade do sofrimento dos justos inocentes ainda é capaz de inspirar dúvidas sobre a existência da justiça divina, no caso de não existir um mundo futuro em que o bem e o mal sejam ratificados. Para além da antropologia filosófica e teológica encontrada no texto de Tomás, seu escrito, na verdade, apresenta-se como uma meditação sobre a condição humana.

O *Compêndio de teologia*

Entre as obras que remontam à época de Orvieto, o *Compêndio de teologia*, escrito a pedido de Reginaldo, secretário fiel e irmão religioso de Tomás, ocupa um lugar de destaque. A semelhança de certos capítulos do livro com a *Suma contra os gentios* é tão notável que podemos concluir que ou o livro foi escrito logo após este último, ou, o que é mais provável, foi elaborado paralelamente, entre os anos de 1261 e 1265. Se ocupado com outras tarefas, Tomás não teria sido capaz de terminar o *Compêndio*. Indevidamente classificada entre os «opúsculos», a obra é pouco conhecida; todavia, nela descobrimos um Tomás incomum, preocupado com a simplicidade e a brevidade com que há de tratar, em capítulos geralmente bastante curtos, o seu tema.

Desejoso de escrever um «compêndio», Tomás não podia ignorar o *Enchiridion* de Santo Agostinho, que servia ao mesmo objetivo e que, não há dúvida, ele tomou como exemplo para construir sua obra sobre a trilogia das virtudes teologais. A exemplo de Agostinho, Tomás desenvolveu o que diz respeito à fé partindo dos artigos do Credo e o que se refere à esperança, apoiando-se nas súplicas do Pai-nosso; a parte da caridade, não escrita, provavelmente teria tomado sua estrutura do Decálogo. Este plano também é muito comum em Tomás, uma vez que pode ser encontrado no *Tratado sobre os artigos da fé*, que segue a ordem do Credo; e, do mesmo modo, nas três grandes séries de pregações sobre o Credo, o Pai-nosso e os Dez Mandamentos. Isso deve ser enfatizado, pois é uma das orientações espontâneas da sua teologia pastoral.

Há aqui um toque pessoal que não se deve deixar de notar, uma vez que pode ser acrescido ao retrato espiritual de Tomás. Ele emprestou seu prestígio à tarefa de popularizador colocando seu propósito de ser breve sob o amparo da *kenosis*, isto é, do despojamento do Verbo Divino, que reduziu sua imensidão aos limites de nossa pequenez e, assim, deixou ao nosso alcance, numa breve «Suma», toda a amplitude da doutrina dos livros da Bíblia. Trata-se do tema, bem conhecido pela tradição cristã e que Tomás retoma de São Paulo, do «Verbo condensado» que o Senhor deu ao universo. Com efeito, Tomás prossegue dizendo que a salvação do homem consiste em três coisas: conhecer a verdade (e ela está toda reunida nos poucos artigos do *Símbolo de fé*); buscar um fim justo (é o que o Senhor nos ensina por meio das súplicas do Pai-nosso); e observar a justiça, resumida no único mandamento da caridade, segundo o próprio Jesus (cf. Mt 22, 35-40). São Paulo representa isso ao ensinar que a perfeição nesta vida consiste na observação das «três que subsistem»: a fé, a esperança e a caridade.

A partir desse enunciado, Tomás traça seu plano geral, que só pode seguir as três virtudes em sua ordem de sempre, «pois o amor não pode ser reto se o verdadeiro fim não tiver sido estabelecido pela esperança, e isso não seria possível sem o conhecimento da verdade». O autor pôde, pois, concluir a seu destinatário:

> Primeiramente, deves ter fé para conhecer a verdade; depois, esperança para colocar teu desejo no fim verdadeiro; e, por fim, a caridade pela qual teu amor será totalmente retificado.

A *Catena aurea*

Na sua imensa produção literária desse período, é preciso reservar um lugar para os comentários aos quatro Evangelhos por meio de uma série de citações de Padres da Igreja. Conhecida pelo nome de *Catena aurea*, a obra foi produzida por Tomás a pedido do Papa Urbano IV em fins de 1262 ou início de 1263. A rapidez com que concluiu o trabalho é surpreendente: o primeiro volume, sobre o Evangelho de Mateus, pôde ser oferecido ao Santo Padre antes de sua morte em 2 de outubro de 1264. Cogita-se que Tomás já começara a coletar os textos antes mesmo que o Santo Padre lhe pedisse. O trabalho também fora muito facilitado por ter sido possível usar antologias e ser auxiliado por uma equipe de secretários. Eles não precisavam ser altamente qualificados para separar os textos de acordo com os versículos dos Evangelhos; Tomás cuidaria da edição final. É bem provável que Tomás tenha trabalhado simultaneamente nos outros três Evangelhos, desenvolvendo um trabalho muito bem executado, visto que foi concluído, em Roma, já entre 1265 e 1268.

Essa compilação de citações patrísticas é apresentada como um comentário contínuo, verso a verso, de todos os quatro Evangelhos, e assim é possível fazer uma leitura sequencial, como se tivéssemos em mãos o livro de um único autor. Para esse trabalho, Tomás não usou apenas o que já tinha disponível; também foi preciso traduzir do grego tudo o que ainda não estava em latim. Essa é, de fato, a grande inovação da obra. Todavia, também precisamos observar sua preocupação em introduzir cada citação pelo nome de seu autor. Isso é digno de nota, porque poucos autores antes dele, com exceção de Beda, o Venerável (673-735) e Rabano Mauro (780-c. 856), haviam se preocupado em identificar as suas fontes com exatidão.

Tomás deixou bem claros os seus pressupostos metodológicos. Na introdução, apresenta a maneira como a obra deve ser usada; explica também como procedeu e, sobretudo, adverte que, além de ter feito cortes a fim de evitar a prolixidade, invertera certas passagens para que fosse possível manter a continuidade do texto. Ele chegou a ajustar o sentido de certos trechos, mas sem perder a fidelidade dos trabalhos originais e sem grandes alterações. Uma verificação minuciosa permite-nos descobrir que todas as citações são literais: Tomás resume sem alterar as palavras. Só em duas oportunidades faz uma edição: ali onde um autor anônimo deixa escapar uma opinião favorável ao herege Ário (256-336). Seu senso crítico permitia-lhe distinguir cuidadosamente as obras autênticas das que não o eram.

À primeira vista, essa parece uma compilação simples. Contudo, se olharmos para ela com atenção, constatamos que se trata de um trabalho de importância considerável. Em primeiro lugar, pela quantidade e pela qualidade do material recolhido, nas quais pode-se notar um conhecimento excepcional para a época dos Padres de língua grega. Isso permitiu que os latinos descobrissem esses textos até então desconhecidos no Ocidente. Além disso, a importância da obra pode ainda ser medida segundo as vantagens que o próprio Tomás – e muitos outros mais tarde – tirou dela. Os últimos capítulos de seu *Comentário a São João* foram compostos de trechos reescritos da *Catena*. Do mesmo modo, é facilmente perceptível a influência desta obra em sua pregação. O mesmo vale para sua teologia: pode-se notar que a documentação patrística no campo da cristologia sextuplicara desde a época das *Sentenças*. Saber disso leva-nos a compreender melhor por que a *Catena* é considerada não apenas um ponto de inflexão no desenvolvimento do pensamento de Tomás, mas também tem sido uma grande difusora desses comentários patrísticos tão importantes à teologia católica.

Sua própria riqueza torna este repertório «uma verdadeira mina de ouro para exegetas, teólogos e pregadores» (C. Spicq). Aquele que é prontamente considerado o arquétipo do teólogo metafísico e especulativo também ocupa lugar proeminente na história da teologia positiva e patrística.

O *Ofício do Corpo de Cristo*

É também neste período em Orvieto que podemos situar a composição do *Ofício do Santíssimo Sacramento*, escrito por Tomás a pedido do Papa Urbano IV. A comparação com outras de suas obras revela que tratou-se de um momento decisivo para o desenvolvimento espiritual do frade. Como não poderia deixar de ser, ele colocou aí, no centro, a celebração do mistério de Cristo – perfeito Deus e perfeito homem –, inteiramente contido no Sacramento. Está, ademais, tão profundamente imbuído dele que não diz receber o Corpo e o Sangue de Cristo, mas receber o Cristo mesmo. Num claro progresso em relação a seu *Comentário às Sentenças*, a ideia que ele faz da Presença Real dá uma pista do que se tornará a formulação definitiva da *Suma*: o Cristo não se faz presente a nós, mas nós é que nos fazemos presentes a Ele:

> É próprio da amizade conviver com os amigos [*convivere amicis*], [...] e por isso Cristo nos prometeu sua presença corporal em recompensa [...]. Entretanto, não quis nos privar desta presença corporal durante nossa peregrinação, mas pela verdade do seu Corpo e do seu Sangue uniu-nos a si neste Sacramento [...]. Portanto, este Sacramento é o máximo

sinal de amor, bem como a elevação de nossa esperança por esta íntima união com Cristo.

Essa evocação de esperança não acontece por acaso, pois, se a celebração do sacramento carrega em si a memória da Paixão, ela está totalmente voltada para o cumprimento do fim dos tempos – afinal, é a promessa da glória futura. Esse deslocamento da teologia eucarística de Tomás em direção a uma realização final, desconhecida de seus contemporâneos, expressa bem a sua espiritualidade, marcada como era pela expectativa da visão de Deus. Também podemos observar uma nova consideração do elemento afetivo na comunhão eucarística. As palavras «suavidade» e «doçura» repetem-se nas leituras do *Ofício*, e a *Suma* indicará mais tarde que, se os pecados veniais ou a distração não impedem a recepção fecunda da Eucaristia, aquele que comunga nestes estados priva-se da doçura de certa reabilitação espiritual. Neste contexto, os relatos dos biógrafos sobre a devoção eucarística de Tomás já não parecem mais destituídos de toda credibilidade; sem ir ao ponto de garantir a literalidade das observações relatadas, recebem desta teologia um selo de verossimilhança que não surpreende mais.

O *Adoro te devote*

É sobre esta luz que devemos reler – ou melhor, rezar – o hino eucarístico cujo nome é conhecido por suas duas primeiras palavras. Não o reproduziremos aqui por inteiro, mas alguns de seus versos que têm relação com o que acabamos de dizer:

Adoro-te com devoção, Deus escondido,
Realmente oculto sob estas aparências.

Impressiona o tom direto do texto. Várias vezes o autor se dirige a Alguém e lhe fala na primeira pessoa: «Eu te adoro», «tu que te ocultas»; «a ti sujeita-se meu coração»; «creio somente em ti», «espero somente em ti», «amo somente a ti», «lava-me», «purifica-me». Eis o que é este hino: uma oração. Tomás volta-se a Cristo e revela o seu amor; implora-lhe e suplica-lhe como o ladrão na Cruz. Exprime seu mais profundo desejo: viver sempre com Ele e contemplá-lo face a face.

Essa linguagem direta pode ser explicada pelo caráter próprio da Eucaristia. Para Tomás, não se trata de um sacramento como os outros: a Eucaristia é a coroa da perfeição do corpo sacramental. Não apenas transmite a eficácia da Paixão como fonte dos outros sacramentos, mas contém substancialmente o próprio Cristo em pessoa: seu corpo, carne e sangue, e também sua alma. Por isso, como no *Ofício litúrgico*, Tomás não fala simplesmente em receber o corpo e o sangue de Cristo, mas em receber o Cristo, receber a Deus. Esta é a expressão que usa espontaneamente em outra oração: «Ó, sagrado banquete em que recebemos o Cristo!». E, assim, quando fala da Eucaristia, ele emprega a mesma linguagem que, voltada agora ao Senhor, seria usada a alguém a quem se ama:

Faz que minha alma de Ti sempre viva
E um sabor doce sinta sempre em Ti.

A Paixão de Jesus não está evidentemente ausente desta oração que, além de teológica, é fervorosa: «Ó, memorial da morte do Senhor, [...] que com uma gota só o mundo inteiro poderia livrar de qualquer crime». Em sua obra, Tomás utiliza diversas vezes esta expressão que revela muitíssimo bem sua convicção profunda e sua fé: em razão da dignidade da pessoa do Cristo, o menor dos seus sofrimentos [*minima passio*] gozaria de um valor infinito, coerente ao que se dá à própria Pessoa do Verbo. Se Cristo morreu, foi para manifestar a superabundância de amor que tem por nós. E a esperança no que se há de cumprir quando do fim dos tempos não é expresso com menos força:

> Jesus, a quem velado agora vejo,
> Peço-te enfim o que com sede anseio:
> Que, em Te vendo a rosto descoberto,
> Seja eu feliz de olhar a tua glória.

Eis a última palavra. O Deus oculto será então completamente desvendado.

* * *

Talvez seja preciso salientar que há algo em comum a três das quatro obras que aqui apresentamos. Independentemente de seus respectivos conteúdos (e eles são bem diferentes), interessa-nos aqui ressaltar que Tomás as compôs «sob demanda». Foi graças a um pedido amigável e fraterno de seu *socius* Reginaldo que escreveu o *Compêndio de teologia*; graças ao pedido oficial do Papa Urbano IV é que chegou à *Catena aurea* e ao *Ofício do Santíssimo Sacramento*. Sem falar nos pedidos de João de Verceil, Mestre da Ordem dos dominicanos, que consultava Tomás constantemente. Esses escritos fazem parte de uma longa série de 26 obras (do total de noventa) que começara na época em que Tomás era apenas um bacharel iniciante, com *O ente e a essência* e *Os princípios da natureza*, solicitados pelos irmãos do convento de Saint-Jacques.

Em Orvieto essas demandas se multiplicaram, como ecos elogiosos do crédito de competência concedido de forma espontânea ao mestre que viera de Paris. Basta recordarmos os títulos dessas obras para entender a diversidade dessas publicações: *A compra e a venda a crédito*, *Contra os erros dos gregos*, *As razões da fé*, *Exposição sobre o primeiro e o segundo decreto*, *Os artigos da fé e os sacramentos da Igreja*...

Não concluamos que nosso silêncio em relação a essas obras indica que não suscitam interesse. Longe disso! Elas são de fato surpreendentes, mas sua diversidade mesma exige observações ulteriores.

Toda essa variedade de títulos nos permite conjecturar que a estadia em Orvieto foi um período de rico contato humano para Tomás. Embora fosse um amante incontestável da solidão e dos estudos, sabemos também que ele tinha amigos entre seus confrades. Além disso, a proximidade da corte papal lhe trouxe muitos encontros. É já possível adivinhá-los a partir da lista de obras circunstanciais que citamos, mas os historiadores se empenharam em inventariar os nomes daqueles que entraram – ou podem ter entrado – em contato com Tomás.

Desse modo, se olharmos em retrospectiva para esse período da vida do frei Tomás de Aquino, não nos deixará de impressionar a rapidez com que trabalhava. Em seis anos (desde que deixara Paris), compôs a *Suma contra os gentios*, *O comentário ao livro de Jó*, *O compêndio de teologia* e boa parte da *Catena aurea*, além de toda a série de opúsculos que não podem ser negligenciados.

Elogios são desnecessários às quatro grandes obras, muito embora uma delas já fosse suficiente para ocupar todo o tempo de um autor. Por outro lado, os pequenos escritos dão testemunho da generosidade intelectual de Tomás. Alguns provavelmente exigissem dele um pouco de pressa, e às vezes Tomás não escondia o fato de estar sobrecarregado; todavia, nunca se recusou a escrever. Além disso, para nós eles têm o mérito de mostrar um teólogo em atividade no mundo de seu tempo, atento aos problemas que lhe eram colocados e tentando responder a eles da melhor maneira possível. A solidão de seu convento em nada se parecia uma torre de marfim. Não obstante o trabalho pesado como professor e autor, Tomás nunca se esquivou de seus deveres de caridade intelectual, e este é certamente um dos fatores da sua santidade.

VII
A *Suma teológica*

Em 8 de setembro de 1265 – ou nos dias subsequentes –, o famoso Capítulo Provincial em Anagni ordenou que Tomás, «para a remissão de seus pecados», se estabelecesse em Roma a fim de fundar um *studium*, isto é, um centro para a formação de irmãos escolhidos em diversos conventos da província romana. Suas casas de origem teriam de sustentá-los, e Tomás gozaria de autoridade plena sobre eles, podendo enviá-los de volta ao convento se não fossem satisfatórios nos estudos. Membro de direito do Capítulo, e numa posição que lhe permitia saber o que havia sido decidido no Capítulo Geral de Valenciennes, é bem provável que Tomás estivesse na origem dessa iniciativa. A fundação de uma casa de estudos em Roma surgia, então, como uma possibilidade concreta de remediar as insuficiências da formação dos frades e, se possível, melhorá-la.

O propósito e a data da *Suma teológica*

A inovação que Tomás fez em Roma não pode ser bem compreendida somente à luz de seu trabalho em Orvieto. Paralelamente aos seus comentários às Escrituras, sua tarefa consistia em formar os irmãos na teologia moral e na pastoral da confissão, que andavam de mãos dadas com a missão de pregação confiada à Ordem. Existiam muitos manuais para isso, mas Tomás já havia percebido o caráter parcial e incompleto da formação dos pregadores dominicanos. Não havia um planejamento de conjunto; resumia-se apenas em analisar os problemas concretos que poderiam surgir em relação às virtudes, aos diversos pecados ou, ainda, aos sacramentos, sem se preocupar com as razões evangélicas que os fundamentavam. Além disso, a formação propriamente dogmática das grandes verdades da fé cristã eram perigosamente negligenciadas. Não seria absurdo dizer que Tomás se aproveitou desta experiência para pensar em algo diferente. Portanto, é preciso considerar o que fez em Roma como uma tentativa de retomar a formação dos irmãos sobre uma base nova e mais ampla. Deixando para trás o *Comentário às Sentenças* outrora ensinado em Paris, ele começou o trabalho de redação da *Suma teológica*. Com isso, preencheria uma lacuna mais visível, dando à teologia moral a base dogmática que lhe faltava.

Esse contexto nos permite compreender melhor o início da *Suma teológica* e seu propósito. As linhas a seguir já foram muito citadas, mas às vezes parecem ter sido compreendidas apenas em parte:

> O doutor da verdade católica tem como tarefa não apenas ensinar os mais adiantados, mas também instruir os principiantes [...], e por isso nossa intenção está em expor o que concerne à religião cristã segundo o modo que convém à formação dos iniciantes.

Muitas vezes, questionamos os dons intelectuais desses estudantes que tiveram acesso a um manual de qualidade tão excepcional. É possível que Tomás tenha superestimado a capacidade dos alunos; todavia, ele não pensou tanto na dificuldade intrínseca das matérias ensinadas quanto em dispô-las como um corpo de doutrina a ser oferecido aos estudantes. Não se tratava de uma mera série de questões justapostas da melhor maneira possível, mas de uma síntese orgânica que lhes permitiria apreender suas relações internas e sua coerência:

> Observamos, portanto, que os noviços enfrentam grandes dificuldades quando se empregam os escritos de diferentes autores, seja pelo acúmulo de questões inúteis, de artigos e argumentos; seja porque aquilo que convém aprender não é tratado conforme a exigência da matéria ensinada, mas segundo o que requer a explicação dos livros ou as ocasionais disputas; seja, enfim, porque a repetição frequente das mesmas coisas gera cansaço e confusão no espírito dos ouvintes.

Com esse novo livro, Tomás se empenhou num empreendimento que ocuparia boa parte de sua vida. É certo que durante o tempo em que permaneceu em Roma (até setembro de 1268), Tomás escreveu a Primeira Parte na íntegra, que já circulava na Itália ainda antes de seu retorno a Paris. A Segunda Parte (com suas duas seções) só foi escrita em Paris, entre 1270 e 1271. Quanto à redação da Terceira Parte, ela provavelmente teve início apenas no final do inverno de 1271-2, em Paris, tendo continuidade em Nápoles, quando, em 6 de dezembro de 1273, Tomás parou de escrever. Ele já havia chegado ao Sacramento da Penitência, e a sequência conhecida como «Suplemento» foi composta por seus discípulos a partir de seu *Comentário às Sentenças*. Portanto, Tomás preocupou-se com esse trabalho durante os últimos sete anos da sua vida, apesar das outras ocupações a que se dedicava em paralelo. Esse talvez seja o sinal mais claro da importância que atribuía a essa obra. A *Suma teológica* ainda é hoje o trabalho mais utilizado de Tomás, mesmo por aqueles que só a abrem ocasionalmente. Não cessa, porém, de dar origem a estudos e traduções.

O plano da *Suma teológica*

Antes de entrar em detalhes sobre certas partes da obra, é necessária uma apresentação geral. Em primeiro lugar, será útil distinguir seu plano e seu conteúdo. Ainda que os comentaristas concordem quanto ao segundo ponto, suas ideias divergem sobre o primeiro. São unânimes em dizer que Tomás dividiu sua obra em três partes, das quais a segunda é subdividida em duas. Esses primeiros dados ainda hoje estruturam a apresentação habitual da *Suma* em quatro volumes. Para se ter uma ideia mais precisa do conteúdo abarcado por essa divisão material, segue o que diz o próprio autor em poucas linhas, com a sobriedade que só a ele pertence:

> O objetivo principal da doutrina sagrada [*sacra doctrina*] consiste em transmitir o conhecimento de Deus [...]. Falaremos primeiramente de Deus [primeira parte]; em seguida, do movimento da criatura racional para Deus [segunda parte]; e, enfim, do Cristo que, enquanto homem, é para nós o caminho que leva a Deus [terceira parte].

Eis a proposta geral em sua grandiosa simplicidade, e Tomás será ainda mais explícito no início de cada uma das seções seguintes. Deixamos para o leitor interessado prosseguir por si só a pesquisa, em vez de apresentar-lhe uma lista interminável. Como fizemos para a *Suma contra os gentios*, preferimos salientar certos pontos que irão facilitar a abordagem da obra e ressaltar certas originalidades.

Todos os comentaristas estão de acordo quando se trata de reconhecer a existência dessas partes e seções principais, mas surgem disputas a partir do momento em que se procura saber se esta divisão, aparentemente simples, não esconderia outro plano menos evidente, cujo movimento interno seria mais esclarecedor para a compreensão do propósito de Tomás. Vale a pena relembrar as etapas que permitem uma explicação satisfatória.

De início, propôs-se a leitura da *Suma* à luz do esquema neoplatônico (inspirado em Plotino, filósofo greco-

-romano do século III) da «saída» e do «retorno» (*exitus et reditus*). A primeira parte trata da emanação das coisas a partir de Deus, considerado como seu princípio; a segunda fala do retorno das coisas para Deus como seu fim último. Ambas estão intimamente conectadas em sua unidade, que é a dos dois movimentos inversos. Nisso, seguem tanto a Bíblia, em que todas as criaturas brotam das mãos de Deus e retornam para Ele segundo o desígnio divino, uma vez que Ele guia a história de sua Criação, quanto a própria teologia, que encara a realidade do ponto de vista de Deus. Portanto, não é o teólogo que reconstrói a inteligibilidade da história da salvação em retrospectiva, mas «é a ordem da salvação que estrutura a teologia» (M. Seckler).

Esta explicação, que tem a força e o encanto da simplicidade, tem suscitado muitas críticas. Tem a desvantagem de não integrar a terceira parte desde o princípio: Cristo pareceria surgir ali apenas como uma «parte acrescida posteriormente», ao passo que Tomás fala de um só movimento da criatura para Deus, que passa por Cristo e não é possível sem Ele. Além disso e por outro lado, a «saída» não se identifica com a primeira parte, pois o «retorno» começa antes do fim dela, visto que Tomás já fala ali dos aspectos do «retorno» que são comuns a todas as criaturas, antes de especificar, nas partes segunda e terceira, o que diz respeito à condição humana. Da mesma sorte, o «retorno» não se limita à segunda parte, mas também se estende à terceira, pois trata-se aqui de um «retorno para Cristo». No fundo, há uma sobreposição da noção de «retorno» nas diferentes partes da *Suma*, bem como certa falta de clareza do conceito. Diante dessas críticas, foi preciso abandonar esse esquema de «saída» e «retorno», que não parece realmente explicativo.

De acordo com outra explicação, que é também a nossa, não há razão para abandonar o esquema da «saída» e do «retorno», mas é preciso deixar claro que ele só se aplica à parte «econômica» (no sentido teológico do termo) da *Suma*. Antes disso, Tomás implementa outra grande divisão entre teologia e economia, a qual ecoa pura e simplesmente a dos Padres da Igreja. A teologia corresponde ao início da primeira parte (questões 2-43), em que trata do próprio Deus, enquanto a economia inclui todo o resto da *Suma* (a partir da questão 44), num conjunto de 393 questões que deve ser entendido segundo o modelo da «saída» e do «retorno». Na segunda parte da *Prima Pars* (questões 44-119), o movimento dominante (mas não o único) ainda é o de «saída» (ainda que para certas criaturas – a saber, os anjos –, o «retorno» já seja evocado). Já a segunda e a terceira partes falam apenas do «retorno», na medida em que é próprio da criatura racional, isto é, do ser humano como imagem de Deus. Esse movimento encontra sua realização quando o homem chega a uma semelhança perfeita com Deus, alcançando a comunhão com Ele pela mediação de Cristo, «que, segundo a humanidade, é para nós o caminho que conduz a Deus».

Completa e cheia de detalhes, esta explicação parece corresponder bem ao que Tomás fazia. No entanto, é preciso acrescentar que «antes de ser neoplatônico, [este esquema] é simplesmente cristão» (M.V. Leroy). Tomás enfatiza isso de forma explícita quando diz, seguindo o livro do Apocalipse, que Deus é o Alfa e o Ômega da Criação toda.

O lugar do mistério da Encarnação

Não há nada de gratuito neste questionamento sobre o plano da *Suma*. Contudo, se há uma chave privilegiada para compreender em poucas palavras toda a síntese tomista, na *Suma* é possível encontrá-la. O valor explicativo que Tomás atribui à sua composição na *Suma* é confirmado pela frequência com que é empregado em diversas obras suas: nas *Sentenças*, onde sua escolha é bastante clara, na *Suma teológica*, onde todos os prólogos trazem um traço mais ou menos explícito desta opção, passando pela *Suma contra os gentios*... De fato, esse esquema se impõe a toda teologia que se deixa estruturar pela fé e pelo Credo, partindo do Deus criador ao Deus que retorna em Cristo a fim de levar o homem consigo à Sua glória.

O pensamento de Tomás está profundamente impregnado dessa visão circular do mundo, e a tal ponto que ele não hesita em dizer que o «movimento circular é o mais perfeito de todos porque há um retorno ao princípio. Assim, para que o universo possa alcançar sua perfeição final, deve retornar ao seu princípio». Tomás encontra aqui a expressão clássica do movimento de conversão tal como articulado na época de Plotino e seus discípulos. Quando se depara com a famosa afirmação de Aristóteles: «devido à sua natureza, todos os homens desejam o conhecer», Tomás explica que é assim porque somente desta forma eles podem se reunir à sua fonte, sendo nisso que consiste sua perfeição; eis por que o movimento circular é absolutamente perfeito. Com efeito, o homem só é capaz de um «retorno completo» à sua fonte mediante o conhecimento de Deus, que é onde se encontra a bem-aventurança.

Tudo isso só assume pleno significado numa visão cristã do homem e do mundo. É por isso que, no início do tratamento dado à Encarnação no livro III *das Sentenças*, Tomás citou um famoso versículo bíblico sobre os rios que voltam à sua nascente: «Os rios retornam ao lugar de onde vieram, para continuar a correr» (Ecl 1, 7, segundo o texto latino). Desta imagem do eterno retorno Tomás não conclui, como o autor do Eclesiastes, que tudo é vaidade. Ao contrário, ele prossegue:

> É o mistério da Encarnação o que essa volta dos rios à nascente significa [...]. Esses rios são, em verdade, os bens naturais com os quais Deus preencheu as criaturas, o ser, a vida, a inteligência, [...] e a fonte de onde tudo provém é Deus [...]. Se estão dispersos por toda a Criação, esses bens encontram-se reunidos no homem, pois ele é como o horizonte, o limite onde a natureza corporal e a espiritual se encontram; estando como que no meio, participa tanto dos bens espirituais como dos temporais [...]. Eis por que, quando a natureza humana se uniu a Deus pelo mistério da Encarnação, todos os rios do bem natural voltaram à sua nascente.

No primeiro plano do livro inteiro, esta explicação certamente não está aí por acaso. Além disso, quando a encontrarmos de forma mais breve alhures, poderemos concluir que expressa uma opção à qual Tomás havia aderido:

> A totalidade da obra divina encontra sua conclusão naquilo que o homem, última criatura criada, retorna à sua fonte por uma espécie de círculo,

quando, pela obra da Encarnação, encontra-se unido à própria fonte das coisas.

No pensamento de Tomás, a Encarnação não introduz nenhuma ruptura na continuidade do esquema de «saída» e «retorno»; pelo contrário, é somente por meio dela que esse movimento atinge sua plenitude. Se Tomás utiliza esse esquema neoplatônico, sente-se livre o suficiente para incluir nele o Verbo Encarnado da fé cristã e, com isso, a história da salvação – o que, evidentemente, não é o pensamento de Plotino. Deus é de fato transcendente, mas sua Criação não resulta de uma efusão necessária da substância divina (o chamado «imanentismo»), mas de um ato livre de Seu amor. E o mesmo se aplica à Sua vinda ao mundo criado.

Por fim, Tomás adentra o conhecido tema bíblico de que o fim dos tempos (a «escatologia»: do grego *eschatos*, que significa «último») corresponde a seus primórdios (em termos acadêmicos, à «protologia»), pois só tem o domínio do fim Aquele que teve o domínio do começo. Esta intuição lhe permitiu propor um modo de exposição do conjunto da teologia, graças ao qual é possível dar lugar às verdades contingentes da história da salvação. Ao contrário da concepção de Aristóteles, a teologia não era para ele uma ciência do necessário, mas uma organização de dados contingentes recebidos da Revelação, com os quais o teólogo busca encontrar o ordenamento dos desígnios de Deus. Isso o leva a proceder mais por argumentos de autoridade do que por razões necessárias, a fim de que se possa dar lugar pleno à história salvífica. Na verdade, encontram-se na *Suma* grandes segmentos de teologia bíblica – como a obra dos seis dias, o tratado sobre a Antiga Lei ou os mistérios da vida de Cristo – que não encontrariam lugar numa concepção assaz dedutiva da teologia. Foi precisamente graças à sua utilização do esquema da «saída» e do «retorno» que Tomás pôde facilmente integrá-los ali.

O agir humano à luz da bem-aventurança

O estudo de diversas questões tratadas na *Suma* se dá inteiramente dentro da estrutura que acabamos de descrever. Seria inútil apenas enumerá-las, e por isso nos dedicaremos somente a um ponto que nos parece revelar a inspiração e a intenção do autor. Em vez de tomarmos um tópico diretamente relacionado a Deus e ao âmbito da fé, falaremos do homem. De modo especial, da maneira como Tomás fala sobre o comportamento do ser humano e, à luz do fim que Deus lhe oferece, de seu retorno para Ele. É certo que todas as coisas do universo retornam para Deus, mas o homem tem o privilégio de poder retornar de maneira consciente e livre. É o que diz Tomás no prólogo da segunda parte da *Suma*:

> Quando dizemos que o homem foi feito à imagem de Deus, entendemos por imagem, como diz João Damasceno, um ser dotado de inteligência, livre-arbítrio e controle das próprias ações. Por isso, depois de haver tratado do Exemplar, isto é, de Deus e de tudo o que produziu o poder divino segundo a sua vontade, resta-nos estudar a sua imagem, isto é, o homem, como princípio que é também de suas pró-

prias ações, uma vez que tem livre-arbítrio e controle de seus atos [...].

A primeira coisa que devemos estudar é o objetivo final da vida humana; em seguida, o que permite ao homem alcançar este fim ou afastar-se dele, dado que as razões para o que é ordenado devem ser tiradas do fim.

Esse texto é notável em mais de um aspecto. Em primeiro lugar, porque fundamenta a abordagem do agir humano na própria natureza do homem (o que se designa, de maneira assaz insuficiente, pela expressão «teologia moral» ou, simplesmente, «moral»). Imagem de Deus, dotado de inteligência e autonomia, o homem é apresentado não como um ser qualquer, mas como parceiro de Deus. Esta «paridade» é de uma rara ousadia; não torna o homem igual a Deus, mas uma pessoa livre e, portanto, responsável por seus atos diante Dele. Isto o obriga a comportar-se de acordo com sua dignidade. É aqui que devemos procurar o fundamento da obrigação moral quando ela se apresenta, e não em algum mandamento.

Em seguida, convém destacar o recurso ao fim último da ação humana. Afinal, qualquer passo ponderado de um indivíduo situa-se entre duas considerações a respeito do fim que ele está buscando: uma na origem, pois, na ordem de chegada, o fim vem primeiro, sendo preciso conhecê-lo e desejá-lo a fim de se dirigir a ele; e outra no termo, uma vez que, na ordem dos fatos, o fim é realizado ou alcançado por último. Se Tomás já começa falando do fim último é porque, sendo imagem de Deus, o homem não poderia ter outro fim a não ser voltar para o Senhor, isto é, assemelhar-se a Ele. Este fim último só será efetivamente alcançado com o auxílio da graça e da disposição de seguir Jesus, que veio para mostrar o caminho que leva a Ele. Eis por que, entre o estudo da ação humana e o da bem-aventurança, a exposição da *Suma* intercala a consideração de Cristo, «único mediador entre Deus e os homens», e dos sacramentos, que são os «meios» que Ele deixou a seus fiéis para lhes ajudar na caminhada. É preciso salientar isso, que é o que confere um caráter particular à moralidade cristã de Tomás e a distingue da moralidade puramente racional que poderia ter encontrado em Aristóteles ou em outras fontes antigas. Se ele quis estudar os atos humanos foi para descobrir quais são aqueles que nos fazem alcançar a bem-aventurança e aqueles que nos impedem de alcançá-la.

Por fim, a última coisa a se notar nesse texto é que, ao colocar a consideração do fim no ponto de partida, Tomás distancia-se claramente da doutrina escolástica recebida de Pedro Lombardo, o mestre das *Sentenças*. E se, por um lado, parece juntar-se a Aristóteles, que também fala da felicidade no primeiro e no último livro da *Ética a Nicômaco*, por outro Tomás afasta-se dele ao realizar um processo negativo pelo qual elimina sucessivamente tudo «o que não traz felicidade» (riquezas, honrarias, glórias, poder, saúde, prazeres...), chegando então a uma reflexão sobre o fim último que se almeja com esses bens temporários. O que ele chama de bem-aventurança vem descrito nas primeiras cinco questões da segunda parte da *Suma*. Deste modo, uma noção vaga de felicidade, buscada mais ou menos conscientemente, dá lugar a uma felicidade identificada com precisão e que só pode residir na contemplação de Deus, único objeto da bem-aventurança. Que ela seja isso e nada mais, Tomás o estabelece por uma nova série de eliminações sucessivas, uma verdadeira dialética negativa que começa por demonstrar que a felicidade humana não pode ser incriada; que não pode ser uma substância, mas uma operação; que não se trata de uma operação sensível, mas espiritual; que não um ato da vontade, mas da inteligência, e naturalmente de uma inteligência especulativa em vez de prática, visto que Deus não é uma coisa «por fazer».

Não é possível explicar tudo em poucas linhas, mas devemos nos prevenir de alguns equívocos. Apesar das aparências, essa posição não exclui a vontade (o amor) de se obter a bem-aventurança celeste. Tomás somente especifica o papel que lhe pertence: pôr em movimento a inteligência rumo ao fim ainda ausente e desfrutar dele uma vez que é alcançado. Contudo, a inteligência continua a ser a única faculdade de compreensão espiritual do fim. Se a bem-aventurança em ato é indissociavelmente um ato de conhecimento e de amor, aquilo pelo qual o homem se apodera dela para poder desfrutá-la continua sendo um ato da faculdade intelectual.

Antes de mais nada, essa tese não propõe uma busca egoísta da felicidade (o denominado «eudemonismo») que subordina o fim ao sujeito que toma posse dele. Afinal, todos os outros bens estão subordinados ao Sumo Bem; além disso, não se trata aqui de um objeto, mas de uma pessoa (uma comunhão de três pessoas, para Tomás!), amada primeiramente por si mesma com um amor de amizade totalmente desinteressado (caridade). Dessa maneira, passa-se de um amor de cobiça pelo fim – que, quando bem ordenado, será integrado na virtude da esperança – a um amor em que se ama o Bem mais do que a si próprio e em que se encontra não somente o desinteresse necessário a uma atitude moral, mas também, como acabamos de dizer, o fundamento mesmo da obrigação.

Essa descrição da felicidade estaria incompleta se não fosse mencionado o papel que Tomás reserva à amizade. É este o vínculo de comunhão no bem que consagra o encontro das pessoas virtuosas e completa sua felicidade. Além disso, ao definir a caridade como uma «espécie» de amizade (e a mais eminente), Tomás mostra que a verdadeira e mais perfeita bem-aventurança se realiza na comunhão com a felicidade divina, compartilhada por aqueles que esta caridade-amizade anima. Deste modo, a caridade torna-se a mola mestra da moralidade tomista. Com ela, o teólogo retoma as grandes intuições da moralidade aristotélica do homem como «animal político» e sua teoria da amizade como «o que há de mais necessário para viver». Essa herança, plenamente assumida na doutrina moral de Tomás, também confere uma universalidade insuspeita a Aristóteles, pois o caráter social do homem vai além do estreito horizonte da cidade (*polis*) e seus cidadãos ao qual este último se limitava. Pela caridade que valoriza plenamente a ação humana, a moralidade de Tomás se estende de forma efetiva, e sem distinção, para toda a comunidade humana.

* * *

Nem é preciso dizer que, ao longo deste breve livro, encontraremos a *Suma* com frequência. Antes disso, porém, é necessário evitar mal-entendidos. De longe, a redação da primeira parte da *Suma* parece ter mobilizado toda a energia e tempo livre de Tomás. Contudo, não se tratou de sua única ocupação: ele tinha também de se dedicar aos estudantes que se lhe haviam sido confiados, o que acarretava sessões de questões disputadas, se não diariamente, ao menos com alguma frequência. Ele também se ocupou de alguns outros escritos. As questões disputadas sobre *O poder de Deus* (*De potentia*) e *Sobre a alma*, assim como *As criaturas espirituais*, datam precisamente dessa época, segundo os estudiosos. É preciso ainda juntar o comentário sobre *Os nomes divinos*, do anônimo Dionísio (que se acreditava ser o Areopagita convertido por São Paulo em Atenas), e o comentário sobre os três livros do tratado *Sobre a alma* (*De anima*) de Aristóteles, que já havia sido publicado antes de 1268 (data da partida de Tomás para Paris). Sem falar em outros escritos pequenos que não têm a mesma importância.

Assim termina nossa descrição dos três anos que o frei Tomás de Aquino passou em Roma. Enviado para lá em nome da obediência («em remissão dos seus pecados»), ele não se preocupou apenas com a educação dos irmãos religiosos que lhe foram confiados, mas demonstrou o quanto levava a sério sua tarefa de pedagogo e a profundidade com que tratava a reestruturação de que ela necessitava. Em última análise, é a essa preocupação como educador que devemos a *Suma teológica*, que viria a imortalizar seu nome. Ao mesmo tempo, ele permaneceu disponível para tarefas mais ocasionais – e, embora não seja impossível dizer que, às vezes, tratava-se de um fardo pesado para ele, deve-se também constatar que Tomás se esforçou honestamente para atender às solicitações que lhe eram feitas. Por fim, na mesma época ele também iniciou seu ofício como comentador de Aristóteles, o qual viria a se tornar parte significativa de sua atividade. Se levarmos em consideração que Tomás também pregava, teremos de reconhecer que seus dons extraordinários não ficaram inexplorados. Talvez assim também compreendamos um pouco melhor o estado de exaustão em que se encontrará dez anos mais tarde.

VIII

Segunda docência em Paris: confrontos doutrinários (1268-1272)

Reencontramos Tomás em Paris no outono de 1268. Dada a sua condição de religioso, sujeito como era às exigências do voto de obediência, podemos ter certeza de que esta nova mudança, assim como as precedentes, não fora decidida apenas por ele.

Surge a questão de saber o que motivou seus superiores a mandá-lo de volta a Paris. Desconcerta-nos escolher uma das diversas hipóteses: primeiro, porque elas não são necessariamente excludentes, e não é certo que a verdadeira motivação seja a que nos parece se impor. Para alguns, a crise averroísta – da qual já falaremos – foi a principal razão para o retorno de Tomás; outros acreditam que o motivo foi o recrudescimento da agitação dos mestres seculares contra os mendicantes. Há ainda quem acresça um terceiro motivo: de volta a Paris, Tomás teria de «lutar em três frentes simultaneamente:

contra as mentalidades conservadoras da faculdade de teologia, que viam Aristóteles apenas como um perigo para a fé cristã; contra o monopsiquismo averroísta; e, finalmente, a favor das ordens mendicantes contra os seculares que queriam expulsá-los do ensino universitário» (G. Verbeke).

É surpreendente constatar que neste mesmo ano de 1268 São Boaventura denunciava, falando de certos erros que ameaçavam a fé cristã, um triplo perigo: a eternidade do mundo, a *necessitas fatalis*, isto é, a determinação da vontade pelos astros, e a unicidade do intelecto para todos os homens. Esse último erro é o pior, dizia ele, porque contém os outros dois. Estamos, portanto, muito próximos dos erros que Tomás teria de enfrentar. Considerando todos os trabalhos já em curso, e apesar de todo o seu esforço, de sua espantosa concentração e da capacidade que tinha de ditar a três ou quatro secretários ao mesmo tempo (voltaremos a falar disso), havia para Tomás, enfim, trabalho mais que suficiente para ocupar ele e toda a sua equipe. Esta é mais uma oportunidade para constatarmos até que ponto sua obra, que consideramos atemporal, na realidade foi ditada pelas circunstâncias.

Se já não precisamos nos deter na defesa da vida religiosa mendicante, temos agora de nos voltar a três opúsculos que deixaram traços profundos na história intelectual daquela época.

A eternidade do mundo

A questão não era nova. Santo Agostinho já considerava aceitável a ideia de um mundo sem começo.

O assunto, contudo, voltara à ordem do dia a partir da introdução da filosofia de Aristóteles na Universidade de Paris, na primeira metade do século XIII. A maioria dos teólogos daquela época, incluindo Boaventura e seus discípulos franciscanos, declarava tratar-se de algo impensável. Também dizia ser fácil provar, por razões bem eficazes, que o mundo tivera começo. Por outro lado, Tomás defendia que só a fé poderia nos assegurar que o mundo teve começo, sendo impossível fazer a prova do contrário. Isso, obviamente, não o impediu de ensinar a dependência fundamental e permanente do mundo em relação a Deus. Tomás jamais abandonou sua posição, que é reafirmada com força, e sob nova luz, no opúsculo *A eternidade do mundo* (*De aeternitate mundi*).

Esse texto foi escrito em 1270, no auge da controvérsia que terminou provisoriamente com a condenação de treze proposições filosóficas pelo bispo de Paris, Étienne Tempier, em 10 de dezembro de 1270. Parece que podemos dar-lhe contexto plausível ao recuperar certa resposta dirigida contra o franciscano João Peckam. Em sua aula inaugural, e na presença de outros mestres, incluindo Tomás de Aquino, Peckam sustentara com fervor a tese oposta àquela de Tomás sobre a eternidade do mundo. Em respeito ao candidato ao mestrado, Tomás permaneceu em silêncio. No final da cerimônia, seus alunos estavam indignados e o pressionaram para que intervisse. No dia seguinte, na «retomada» da tese por Peckam, a qual estava prevista nos estatutos universitários (*resumptio*), Tomás fez uma intervenção com calma e firmeza, mostrando a fragilidade da posição do adversário. Ocorre, porém, que ele não parou na sustentação oral, mas acabou por escrever um livrinho pouco tempo depois.

Por se tratar de um opúsculo tardio, o texto nos permite recolocar em perspectiva cronológica todos os textos que Tomás escreveu sobre o assunto. Desse modo, é possível notar que nem sempre ele manteve exatamente a mesma posição. De início influenciado por Maimônides, que contestara de forma veemente a tese de Aristóteles de que o mundo era eterno e sem começo, Tomás acreditava que o próprio Filósofo julgara seus argumentos meramente prováveis. Não querendo dar força maior do que aquela que o autor lhes concedia, contentava-se em dizer que não era possível provar peremptoriamente o começo ou o não começo do mundo. Depois de ter comentado a *Física* de Aristóteles para uso pessoal, Tomás percebeu que a tese aristotélica era muito mais convincente do que antes havia pensado. Essa nova certeza encontra expressão no opúsculo de que falamos: não só a não eternidade do mundo não chegou a ser demonstrada, como também um mundo eternamente criado é possível. No entanto, Tomás não deixa de afirmar, com a Bíblia e a fé cristã, que o mundo teve começo; antes, diz apenas que essa verdade só é acessível pela fé. Do ponto de vista estrito da razão, nada impede a concepção da existência de um mundo perpetuamente criado e sustentado por Deus.

Não entraremos nas sutilezas do alto nível intelectual colocado a serviço de ambas as argumentações. No entanto, essa discussão nos interessa para além de seu conteúdo imediato. Tomás surge aqui como um autor cujas posições são capazes de evoluir à medida que ele vai evoluindo no conhecimento. Ainda mais interessante é a distinção – assaz clara – que ele faz entre as verdades que a razão pode atingir e as que só são acessíveis pela fé. Já vimos isso, e o alerta é sempre o mesmo: tentar provar demais é desacreditar-se aos olhos de seus interlocutores. Tomás o afirmara em relação à Trindade e o repete ao tratar da eternidade do mundo:

> Contribui-se mais para o escárnio da fé do que para confirmá-la quando se busca provar, com tais argumentos, a novidade do mundo contra os filósofos.

Se queremos saber quais as características da síntese tomasiana, esta é uma que se encontra por toda parte e que basta para sabermos reconhecer seus discípulos. Não é preciso refletir muito para compreender que Tomás se baseia na convicção de que o mundo criado tem uma consistência própria conferida por Deus e que Ele próprio respeita (como testemunha nossa própria liberdade humana!). O teólogo não pode ignorar isso, mas deve antes valorizá-lo. De acordo com uma fórmula a que precisaremos voltar, a graça não destrói a natureza, mas a fortalece.

A característica única da forma substancial

A exemplo da *Eternidade do mundo*, essa nova questão se situa em contexto polêmico. Para ajudar o leitor a entender o que está em discussão, devemos primeiro recordar o que é «forma substancial», ou mesmo o que é «forma». Segundo Aristóteles, autor deste vocabulário, tudo neste mundo (animado ou inanimado) é inseparavelmente composto de dois princípios complementares: uma matéria e uma forma. Os filósofos dão a isso o nome técnico de «hilemorfismo», que deriva de duas palavras gregas: *hylè*, matéria, e *morphè*, forma. Por ora, basta sabermos isso, sem muitos detalhes. Em termos concretos, a pessoa humana é um composto único e indivisível de dois elementos: uma matéria, que é seu corpo; e uma forma, que é a sua alma. Esses dois elementos não existem separadamente. Só podemos pensar neles em suas relações mútuas e em sua complementariedade. No nosso caso, falamos de «forma substancial» porque a pessoa humana é uma substância, um ser subsistente de natureza racional. É fácil compreender que, nesta composição única, a forma é o elemento principal. Ela não seria nada sem a matéria que anima; é ela que, pura e simplesmente, permite ao indivíduo *existir* e, ao mesmo tempo, *ser o que é* e agir de acordo com isso. Porque temos alma humana, somos capazes de pensar e agir como pessoas humanas, racionais. Os animais também têm alma – uma alma, porém, que corresponde à sua natureza animal – e se comportam de acordo com ela.

Uma vez que somos indivíduos compostos de alma e corpo, e uma vez que existem diferentes níveis de vida, na medida em que alma e corpo estão mais ou menos envolvidos (nós comemos e nos nutrimos por meio dos órgãos corporais; percebemos as coisas graças aos sentidos; refletimos pela ação de nossa inteligência), falamos da vida vegetativa, da vida sensitiva e da vida intelectiva.

Dada essa diversidade, a questão que se coloca agora é a de saber se uma mesma alma é capaz de desempenhar essas diferentes funções. Contudo, não seria preciso reconhecer, antes, que *existem* diversas almas que assumem essas diferentes funções? Em poucas palavras, para Tomás a alma intelectiva é a única forma substancial do composto humano e exerce essa função nos diferentes níveis de sua vida: a vegetativa, a sensitiva e a intelectiva. A alma humana passa pelos dois primeiros estágios antes de chegar à sua plenitude no terceiro. No entanto, ela jamais deixa de exercer as funções anteriores. Por conseguinte, a alma é a única forma de um corpo – e não pode ser de outra maneira, pois, se alma é a forma do composto humano, é ela que confere a existência e a vida, e só pode haver uma forma por indivíduo. No entanto, os adversários de Tomás defendiam uma pluralidade de formas segundo os diferentes níveis em que a vida se manifesta.

Já mencionamos o agostinismo contra o aristotelismo, mas isso não é de todo verdadeiro. Encontramos, de fato, Tomás e os mesmos adversários franciscanos face a face no que diz respeito à eternidade do mundo, mas não podemos reduzir isso a uma mera rivalidade; afinal, muitos dominicanos se opuseram a Tomás em relação aos mesmos assuntos. Além disso, o problema não era uma novidade naquela época: já ocupava os espíritos havia quase cinquenta anos, e a diversidade entre os partidários da pluralidade era tão grande quanto eram os mestres que a defendiam, geralmente tingidos de neoplatonismo.

A violência do confronto pode ser explicada, sobretudo, pela convicção de que as teses de Tomás sobre a unidade da forma substancial e sobre a eternidade do mundo colocavam em risco a fé cristã. Quanto à eternidade do mundo, Tomás não estava totalmente convencido dela, e por isso conservou sua posição contrária até o fim. Fez o mesmo em relação à unicidade da forma substancial, mas aqui o debate saiu do âmbito da teologia da Criação para o da teologia do composto humano – a antropologia – e, mais ainda, para a teologia do Cristo, ou cristologia.

Já viva no plano filosófico, a discussão tornou-se ainda mais aguda quando passou para o campo da teologia. O ponto em torno do qual se consolidou a controvérsia foi um daqueles que os escolásticos conheciam bem. Ela assumiu diversas formas nos *quodlibeta* que Tomás teve de sustentar durante o Advento e a Quaresma dos anos 1269-1270. No início estava uma questão à primeira vista anedótica: «As formas precedentes são apagadas com o advento da alma intelectiva?». Para Tomás, a resposta era não, pois a alma humana acumula as funções vegetativas, sensitivas e intelectivas. Essa primeira questão levava a uma série de outras aparentemente arbitrárias: «Cristo permaneceu homem durante seus três dias no túmulo?»; ou ainda: «O olho de Cristo, após a morte, era olho realmente ou de maneira equívoca?». Aparentemente extravagante para nós, a questão se justifica, pois um órgão desprovido de vida não é mais o que era.

Todavia, precisamos nos deter para analisar melhor uma destas últimas questões: «O corpo de Cristo permaneceu o mesmo na cruz e no túmulo?». A insistência em retornar a essas questões indica a preocupação dos espíritos; ainda que arbitrárias e até fúteis para nós, na realidade elas revelam os problemas mais fundamentais da doutrina cristológica. Para os seus adversários, a resposta de Tomás era herética, pois colocava em questão a identidade do corpo de Cristo antes e depois de sua morte. Na verdade, sendo a alma a única forma do corpo, e ficando o corpo de Cristo privado dela momentaneamente pela morte, não se podia mais dizer que o corpo no túmulo era o mesmo do Cristo vivo. A fim de evitar essa consequência, era preciso aceitar, segundo eles, para além da alma intelectiva, uma «forma corporal» que, permanecendo a mesma, se manteria ligada ao corpo antes e depois da morte, podendo garantir assim a unidade e a continuidade entre os dois estados do corpo de Cristo.

Porém, assim como os seus adversários, Tomás não duvidava da identidade numérica do corpo de Cristo antes e depois de sua morte. Para ele, no entanto, não se tratava de uma forma corporal que se preservava, mas do que se denomina «união hipostática», que é a união da alma e do corpo de Cristo com sua divindade numa mesma pessoa (*hipóstase*), o Verbo Encarnado. O ser permanece numericamente o mesmo, explica Tomás, quando tem o mesmo sujeito, a mesma pessoa, sejam quais forem as situações por que passa. Ora, está bem estabelecido que o corpo do Cristo, vivo ou morto, não tem outra pessoa a não ser o Verbo Divino, pois a união da pessoa do Verbo com sua alma e seu corpo não foi interrompida com a morte de Jesus. O corpo e a alma de Jesus preservaram, assim, sua relação com a pessoa única do Verbo, e foi isso o que manteve a sua identidade numérica, apesar da passagem pela morte. Não há, portanto, necessidade de invocar uma forma corporal hipotética quando temos a garantia de uma certeza dogmática, bem consolidada na fé desde o século IV: a permanência da união da pessoa do Verbo com sua alma e seu corpo para além da morte.

A unidade do intelecto contra os averroístas

Numa frente oposta à dos conservadores, Tomás também teve de combater o que foi chamado de «averroísmo». O nome vem de Averróis (1126-1198), muçulmano da Andaluzia, médico e filósofo, que desempenhou um papel importante nesta nova controvérsia devido à sua interpretação da teoria do intelecto de Aristóteles. Em sua condenação, a 10 de dezembro de 1270, o bispo de Paris, Étienne Tempier, reuniu treze proposições de tendências heterodoxas que haviam agitado a Universidade e que podemos resumir em quatro pontos principais: a eternidade do mundo, a negação da providência universal de Deus, a unidade da alma intelectiva para todos os homens (ou «monopsiquismo») e o determinismo. As duas primeiras resumem o que Tomás viria confrontar no seu novo opúsculo: «O intelecto de todos os homens é único e idêntico para todos»; e «A expressão "o homem pensa" é falsa e imprópria». A identificação dos «averroístas» que apoiavam essas proposições deu origem a pesquisas com resultados às vezes contraditórios, mas não iremos nos deter nisso. Basta-nos saber que seus representantes se encontram principalmente entre os filósofos (da faculdade de artes, como se dizia na época), dos quais Siger de Brabante talvez seja um dos mais conhecidos, mesmo que não seja o único envolvido.

Antes de abordarmos *A unidade do intelecto*, será útil esclarecer o que significa essa palavra. Muito resumidamente, o intelecto (*intellectos*) é a inteligência humana no que se distingue da razão (*ratio*). Com efeito, essas palavras significam as duas funções da nossa inteligência:

pelo intelecto, designamos a capacidade intuitiva que nos permite «ver» as realidades exteriores e despojá-las de suas características individuais, fazendo delas objetos inteligíveis; já pela razão somos capazes de relacionar os objetos percebidos pelo intelecto e passar de um a outro num «discurso», numa abordagem discursiva que nos faz chegar a uma conclusão que cabe ao intelecto formular. Por exemplo, que tal efeito provém universalmente de tal causa.

> É bastante óbvio para qualquer um: privados os homens de toda a diversidade do intelecto – a única das partes da alma que se mostra incorruptível e imortal –, seguir-se-á que, após a morte, nada restará das almas humanas a não ser a substância intelectual única. Assim será eliminada a distribuição de recompensas e penalidades, e até mesmo as diferenças desaparecerão. O que pretendemos aqui é a demonstrar que uma tal posição não é apenas contrária aos princípios da filosofia, mas também aos dogmas da fé.

Tomás constrói sua refutação a partir de duas etapas principais. Nas palavras de um excelente comentador, o livro de Tomás é sem dúvida uma obra de polêmica filosófica, mas «também, e sobretudo, uma aula de interpretação e uma aula de história» (A. de Libera). Na primeira etapa, nos dois primeiros capítulos «filológicos», ele nos apresenta uma discussão detalhada dos textos e, tendo à disposição as mais recentes traduções para o latim de Aristóteles e seus comentadores, demonstra a seus adversários até que ponto o «Averróis» deles se opunha simultaneamente à doutrina «averroizada» de Aristóteles e à fé cristã. Na segunda etapa, nos últimos três capítulos «argumentativos», as teses de fundo são debatidas.

> [Usando uma surpreendente profusão de argumentos rigorosos, ele consegue demonstrar que, se o intelecto é a coisa principal no homem, e se há apenas um e mesmo intelecto para todos, seria preciso concluir necessariamente] que haveria apenas uma inteligência, apenas uma vontade e apenas um a fazer uso do arbítrio de sua própria vontade – enfim, de tudo o que distingue os homens uns dos outros [...]. Não haveria diferença alguma entre eles no que se refere à livre escolha da vontade, e ela, portanto, seria idêntica em todos. Isso é manifestamente falso e impossível. De fato, é contrário a tudo o que podemos constatar. Além disso, destruiria todas as ciências morais e tudo aquilo que revela a vida em comunidade humana, a qual, como diz Aristóteles, é natural ao homem.

Assim, Tomás fez os «averroístas» perceberem que estavam diante daquela experiência comum que costumavam negar: estavam diante de «um homem que pensa». Os argumentos parecem tê-los confundido, e Siger, em particular, que já era leitor do Tomás das *Sentenças*, foi obrigado a continuar frequentando suas obras; depois, parece ter evoluído para posições menos heterodoxas. Certamente continuou a opor a sua exegese de Aristóteles àquela do Aquinate, mas considerava que, junto com Alberto, Tomás era o pensador mais importante da filosofia. Além disso, reconheceu que, para inteligir, o intelecto opera interiormente no homem. Indo mais longe, depois escreveria: «O intelecto une-se ao corpo pela sua natureza [...]. A alma intelectiva é a forma e a perfeição do corpo». Não se trata mais, portanto, de um intelecto separado do corpo e único para todos os homens.

Não é preciso acrescentar que, por meio dessas discussões, as quais podiam assumir o caráter de um jogo de lógica aparentemente distante da realidade, o que Tomás defende é certa visão do ser humano. Antes de tudo, trata-se de uma visão realista: a unidade do composto humano, deste corpo e alma indissociáveis, fora ultrajada pelas teorias «averroístas»; mas também de uma visão cristã: Tomás ficara indignado com o fato de filósofos cristãos ousarem sustentar essas teorias, e por isso questionou abertamente se eles compreendiam o que estavam dizendo. Passou, pois, a usar palavras mais duras. Em breve trataremos dessa imagem do homem e do papel que ela desempenha na síntese de Tomás.

Essas discussões, aqui brevemente evocadas, não têm interesse meramente intelectual, mas são essenciais para apreendermos a personalidade de Tomás. As fontes biográficas salientam bem sua benevolência e humildade diante de Peckam, que, embora impetuoso, foi capaz de reconhecer a humildade do adversário. Todavia, não podemos deixar de notar que, nessas controvérsias, a personalidade de Tomás ganha relevo: era um lutador que não hesitava em lutar quando necessário e que mostrava-se sempre pronto para responder a qualquer desafio. Era, de fato, leal e rigoroso, mas também impaciente diante de oponentes que não entendiam o peso de determinado argumento; indignado com as considerações que solapavam a fé; e, às vezes, irônico, como na ocasião em que se dirige a eles parafraseando o Livro de

Jó, tratando-os como se fossem os únicos seres razoáveis, com quem a sabedoria teria surgido.

Mais do que essas mudanças de humor, que não mostram o melhor de seus dias, embora reflitam de alguma maneira a intensidade da controvérsia e, sem dúvida, sua preocupação com os fiéis diante daqueles questionamentos, é preciso enfatizar novamente seu desejo de não comprometer a fé, sob o pretexto de defendê-la, com uma argumentação ineficaz, como às vezes acontece no ambiente dos teólogos, quando em geral se recorre à fé para dar força a argumentos que nem sempre pertencem a ela por si sós. Tomás conhecia a imagem que os temidos dialéticos da faculdade de artes tinham da teologia e, mesmo sob o risco de tornar sua tarefa momentaneamente mais difícil, esforçava-se para atender às exigências da razão. Desse modo, não dava apenas uma prova de lealdade intelectual, mas também impunha respeito aos adversários mais difíceis que, então, concordavam em dialogar com ele. Foi esse o caso de Siger. Além disso, Tomás também pensava na transcendência de Deus, que aqueles limitados apologetas ridicularizavam. Essa não é apenas a atitude do pensador e do professor, mas também do pregador que se preocupa com a fé dos fiéis. No sermão «Proteja-se dos falsos profetas», em que denuncia «aqueles que dizem que o mundo é eterno», ele adverte contra os que levantam objeções que não sabem resolver, pois assim dão razão aos adversários: «Levantar uma objeção e deixá-la sem solução é o mesmo que aceitá-la».

IX
Segunda docência em Paris: sobre São João e outros

Os motivos que levaram Tomás de volta a Paris nos fizeram mencionar, em primeiro lugar, seu envolvimento nas controvérsias da época. Contudo, é importante não cometer o frequente erro de imaginar que ele esteve tão envolvido nelas a ponto de devotar-lhes todo o seu tempo. Longe disso. Sua ocupação principal ainda era ensinar a Bíblia, e foi nessa época que compôs algumas de suas obras mais famosas, incluindo o comentário a São João.

Lições sobre São João

Já tendo se ocupado das lições sobre São Mateus em 1268-1269, nos anos de 1270-1271 tiveram lugar as aulas sobre São João. A passagem do primeiro para o último Evangelho não é de surpreender. Muito provavelmente, ele tomou os livros do Novo Testamento de acordo com sua ordem canônica. Passou diretamente de Mateus a João porque Mateus tomara o lugar dos outros dois, Marcos e Lucas, que têm muita coisa em comum, enquanto o de João apresenta qualquer coisa de muito particular. Tomás é muito claro no seu prólogo: «Os outros evangelistas tratam principalmente dos mistérios da humanidade do Cristo; João, por sua vez, coloca sua divindade em primeiro plano, e de maneira especial».

Essas breves palavras servem para nós como chave de leitura, pois retornam ao final do livro. Comentando a aparição de Jesus ressuscitado ao apóstolo Tomé, homem até então incrédulo, mas que no fim exclamou seu «Meu Senhor e meu Deus!», Tomás explica o que se passa com seu santo padroeiro: «Confessando a verdadeira fé, o apóstolo Tomé é imediatamente transformado num bom teólogo que reconhece a humanidade de Cristo e a sua divindade». Sem dúvida, é pela mesma razão que, desde o início, o apóstolo João é apresentado – seguindo a tradição – como o modelo mesmo de contemplativo e que Tomás mostra-se consciente da insuficiência do discurso teológico sobre o Cristo.

> As palavras e gestos de Cristo também são palavras e gestos de Deus. Se alguém quisesse escrevê-los ou contá-los em detalhes, seria incapaz de fazê-lo. O mundo inteiro não seria suficiente, pois uma infinidade de palavras humanas não se compara a um só verbo de Deus. Desde o início da Igreja escreveu-se sobre Cristo, mas nunca o suficiente. Que o mundo

durasse centenas de milhares de anos, os livros que se poderia escrever a respeito de Cristo não seriam capazes de esclarecer completamente suas palavras e gestos.

Se fosse possível estabelecer uma lista dos melhores comentários bíblicos de Tomás, o de São João poderia facilmente estar ao lado do *Comentário a Jó* ou do *Comentário à Epístola aos Romanos* como os mais completos e profundos que ele nos deixou. Muitos não hesitam em assegurar que se trata de um «livro único», e poder-se-ia até mesmo dizer que é a «obra teológica por excelência de São Tomás». Essa afirmação se explica se lembrarmos que o «Evangelho de São João contém o que há de decisivo na Revelação».

Nunca será demais recomendar a leitura das excepcionais lições que Tomás dá sobre o mistério da Encarnação no prólogo, ou sua belíssima exposição sobre o Espírito Santo e o «vento que sopra onde quer», ou ainda sua abordagem da «fonte de água viva que jorra do lado» de Jesus no alto da cruz; sem falar no que diz, nos capítulos 14 a 16, acerca da vinda do Paráclito, o Consolador que completa a obra de Jesus e nos conduz para toda a Verdade. Nesse livro, Tomás se revela um desses contemplativos de que São João é o modelo.

Disputas quodlibéticas

Quanto às disputas regulares que Tomás retoma em sua volta às atividades universitárias, conta-se uma média anual de mais ou menos 35. São muitas, mas bem abaixo da média de mais de oitenta argumentos anuais reunidos no *De veritate*. Como se pode constatar a partir da época em que viveu em Roma, na sua maturidade Tomás reduziu sensivelmente a frequência dessas discussões a fim de reservar um pouco mais de tempo a suas outras ocupações. Portanto, as diversas disputas ou comentários aristotélicos correm paralelamente à redação da *Suma teológica*. Isso não quer dizer que haja simultaneidade plena entre os elementos de cada um desses trabalhos, mas percebe-se a proximidade temporal. Frei Tomás foi um grande e veloz trabalhador que cuidou de não dissipar sua concentração e suas forças. Sem nos determos em demasia, pode-se mencionar a série de *Questões sobre o mal* e o trabalho *Sobre as virtudes*, assim como as *Questões sobre a união do Verbo encarnado*, que surgem mais ao final deste período.

Uma vez que estamos familiarizados com as questões disputadas, seria bom nos concentrarmos um pouco nas disputas quodlibéticas. Essa atividade acadêmica, tão característica na universidade medieval, tem sido objeto de inúmeros estudos. Assim, se antes ainda não se tinha conhecimento de seus segredos, agora ela já se tornou bastante conhecida. Acontecia duas vezes por ano, durante o Advento e a Quaresma, e dava-se em duas sessões. Na primeira, como o próprio nome indica, os assistentes, os mestres, os estudantes e mesmo os meros curiosos podiam levantar toda sorte de questões (*de quo libet*: «o que quiser»). O mestre normalmente deixava seu bacharelado responder e só intervinha se o visse em dificuldades; limitava-se a dar sua resolução magistral na segunda sessão, que ocorria no dia seguinte ou alguns dias depois.

Reservada aos mestres, essa atividade não era, porém, uma obrigação para eles. Se parece exagero dizer que só os grandes ousaram se entregar a esse perigoso exercício, por outro lado é verdade que nem todos se submetiam a ele. Alguns se destacaram e fizeram dele sua forma preferida de expressão. O indiscutível campeão da categoria é Geraldo de Abbeville, mestre secular rival de Tomás de Aquino, de quem já falamos. Dele, conhecemos seus vinte *quodlibeta*, enquanto Tomás tem apenas doze. Como se percebe pela leitura dos temas propostos, a liberdade de expressão não era um termo vazio, mas isso não quer dizer que o exercício viesse de uma espontaneidade pura: o mestre podia propor certas questões e levar seus parceiros, bacharéis ou estudantes, a fazerem intervenções. Também podia recusar-se a responder determinada intervenção se a considerasse frívola ou inadequada – mas é claro que recusas demasiado frequentes prejudicavam a reputação. Se a universalidade dos temas abordados era de fato real, não significava que valia «qualquer coisa». Podemos constatar que 90% dos artigos quodlibéticos de Tomás tinham paralelos com outras partes de sua obra. Esta é uma forma de enfatizar que foram selecionados apenas os temas considerados dignos de um mestre.

Dado seu estilo, a literatura quodlibética esteve fortemente enraizada nas questões acadêmicas – por exemplo, aquela da singularidade ou pluralidade das formas. Também havia problemas mais realistas, ligados às preocupações imediatas dos presentes. Composto na grande maioria por clérigos, o público deixa transparecer, mediante suas preocupações pastorais, temas de moralidade privada, social e econômica. Portanto, não se refletia ali apenas a vida universitária, mas a de toda uma época. E é isso o que faz dela um objeto de estudo tão fascinante.

A fim de não entediar o leitor, não enumeraremos todos os assuntos abordados por Tomás nessas discussões públicas – são 264, numa média de vinte por sessão. Todavia, é interessante reunir tudo quanto nos possa dizer algo sobre o autor. Ainda que tenham sido cuidadosamente revisados por ele, esses textos guardam certo eco do debate de que surgiram, e alguns são muito claros quanto à consciência que Tomás tem de si como mestre em teologia. Vale a pena voltar ao *quodlibet* da Páscoa de 1269, onde se examina se é perda de tempo dedicar-se ao estudo ou ao ensino.

Tomás simplifica a discussão e compara seu trabalho à construção de um edifício, em que são necessários arquitetos e trabalhadores braçais: os primeiros desempenham tarefa mais nobre do que os últimos, e por isso recebem salário melhor. Ocorre o mesmo na construção do edifício espiritual da Igreja:

> Há os que podem se comparar aos trabalhadores braçais, que se empenham em cuidar das almas em particular – por exemplo, administrando os sacramentos e outras tarefas assim. Por outro lado, os que se assemelham aos arquitetos são os bispos que orientam essas tarefas e especificam o modo como se deve exercer tais ofícios; por isso são chamados «episcopados» ou «superintendentes». De modo semelhante, os doutores da teologia são também os arquitetos que pesquisam e ensinam como se deve trabalhar para a salvação das almas.

> Em suma, é melhor – e mais meritório, se feito com reta intenção – ensinar teologia do que dedicar-se ao cuidado particular de alguém. Eis por que o apóstolo disse de si mesmo: «Não foi para batizar que Cristo me enviou, mas para anunciar o Evangelho», embora batizar seja a obra mais adequada para a salvação das almas. São Paulo diz ainda: «O que ouviste de mim, confia-o aos fiéis que sejam capazes de ensiná-lo aos outros». A própria razão demonstra que é mais proveitoso instruir na ciência da salvação os que nela podem progredir e ajudar aos outros a progredir do que instruir apenas um que possa se beneficiar dela. Contudo, em casos de necessidade iminente, os bispos e doutores devem deixar seu próprio ofício e, a exemplo dos trabalhadores braçais, dedicar-se à salvação das almas em particular.

Esse texto, de grande inspiração aristotélica, é sem dúvida bastante surpreendente para o leitor do século XXI, que talvez venha até mesmo a chocar-se com essa maneira de considerar os pastores como operários espirituais, enquanto o teólogo vem definido como um aristocrata, um empreiteiro. Todavia, os que ouviam essas palavras não ficavam surpresos de modo algum, pois não apenas traduziam a alta posição social dos mestres da Universidade de Paris (não eram mais do que um punhado de toda a cristandade), mas também expressavam a complementariedade das tarefas no corpo eclesial: o teólogo define os princípios gerais e a pastoral prática se ocupa de casos individuais. Além disso, concluindo ser preciso colocar a mão na massa quando necessário, Tomás restabelece, em poucas palavras, a verdadeira hierarquia dos valores.

As substâncias separadas

As atividades públicas de polêmica ou de ensino jamais devem dissimular o intenso trabalho pessoal que o mestre de Saint-Jacques continua a realizar. Nos anos de 1268 a 1272, Tomás redigiu uma parcela enorme da segunda parte da *Suma teológica* e iniciou a redação da terceira. Todavia, não deixou de responder às ocasionais demandas de sua caridade intelectual, que às vezes chegavam a colocar sua paciência à prova. Como ocorrera em Orvieto e em Roma, essa última estadia parisiense também trouxe consigo sua parte de consultas individuais das quais Tomás não podia se esquivar. Já mencionamos certo número delas, mas é preciso acrescentar algumas. Nessa época, Tomás também compôs duas outras obras importantes. Resposta a um pedido amistoso, o opúsculo *As substâncias separadas* (*De substantiis separatis*), embora inacabado, conta com vinte capítulos que ocupam aproximadamente quarenta páginas da grande edição leonina de suas obras completas. No prólogo, Tomás deixa bastante claro seu intuito: quer falar dos santos anjos e se propõe a recordar primeiro o que, sob a forma de conjectura, os pensadores da Antiguidade já haviam pensado. Aproveita o que se encontra de acordo com a fé e rejeita tudo o que fosse contrário à doutrina católica. Essas duas fases são novamente marcadas de forma muito clara no início do capítulo 18:

> Depois de demonstrarmos o que os principais filósofos, Platão e Aristóteles, pensavam sobre as substâncias espirituais – da sua origem, da criação de sua natureza, da sua distinção e da maneira como são regidas –, devemos agora mostrar qual o ensinamen-

to da religião cristã a seu respeito. Para isso utilizaremos, sobretudo, os livros de Dionísio, que tratou do assunto das substâncias espirituais melhor do que todos os outros.

Essa segunda parte da proposta pouco avançou, dado que Tomás parou no capítulo vinte, quando ainda no meio de um desenvolvimento sobre o pecado do anjo, onde dizia haver muitas dificuldades para a reflexão. A importância desse tratado não se mede pelo tamanho: há quem se refira a ele como «um dos mais importantes escritos de metafísica do Aquinate»; outros declaram que o que foi dito de Platão, no primeiro capítulo, talvez seja a síntese mais bem elaborada que se pode encontrar nas obras de Tomás.

O comentário sobre os livros «das causas»

Embora não seja outra obra produzida sob demanda, é oportuno falar dela aqui por conta de sua provável data (primeiro semestre de 1272) e, principalmente, de seu parentesco com *As substâncias separadas*. Ainda hoje, não se tem certeza da autoria do *Livro das causas*. Graças à tradução dos *Elementos de teologia* de Proclo – que no século V pretendia ser um dos últimos sucessores de Platão na Academia de Atenas –, Tomás foi o primeiro a identificar como um filósofo árabe tinha se utilizado muito dessa obra.

Comentar esse texto era para ele, portanto, buscar um novo diálogo com a filosofia neoplatônica, que já vinha sensivelmente influenciada, por meio do *Livro das causas*, pelo monoteísmo e o realismo moderado. Como declarou um excelente estudioso ao comentar esse texto, Tomás tinha três livros abertos diante de si: «o texto do *Liber*, um manuscrito do *Elementatio* e um *corpus* dionisiano. Os textos desses três autores são citados *ad litteram*; os outros, principalmente Aristóteles, são citados *ad mentem*» (H. D. Saffrey). Eis onde reside, particularmente, o interesse desse empreendimento: «A verdadeira intenção de Tomás nesse comentário é comparar os três textos. É onde está todo o argumento da obra, no que talvez seja um caso único na obra do santo». Assim ele poderá dar a cada um o que é seu e situar-se diante de Proclo e ao lado tanto do autor do *Liber* quanto de Dionísio, «enfatizando os vínculos destes com Aristóteles e Santo Agostinho». É desta forma que recusa as formas separadas e as substâncias divinas, o politeísmo do neoplatonismo, seu «emanatismo» (assim se designa o fluxo de seres a partir da divindade) e a prioridade do uno e do bem sobre o ser, «enquanto conserva cuidadosamente, na sua síntese, as grandes obras da criação: o ser, os seres vivos, as inteligências e a posição de Deus acima de tudo».

Para completar, temos de lembrar que em Paris, como um pouco antes em Orvieto e Roma, a ciência de Tomás foi solicitada para diversos temas que ainda nos surpreendem: *A mistura dos elementos*, *O movimento do coração*, *As operações ocultas da natureza*, *O juízo dos astros*, *O sorteio*, *O segredo da confissão*, a *Carta à condessa de Flandres*, um tanto impropriamente conhecida como *O governo dos judeus*. Essa lista enxuta, restrita aos limites deste livro, não deve levar ninguém a achar que essas pequenas obras carecem de interesse. Pelo contrário, cada uma delas traz a marca de seu autor. O que surpreende é a sua diversidade, pois, à luz de seu título de «mestre em Sagradas Escrituras», temos a ideia de que Tomás é homem de um só livro: a Bíblia. Isso é certo, ao menos por profissão e predileção (as aulas sobre o Novo Testamento representavam o centro de sua atividade), mas não podemos esquecer a variedade de sua produção – a diversidade de opúsculos mencionados está aí para prová-lo – e sua presença nas questões da época. Na Idade Média, a teologia, «rainha das ciências», não poderia ignorá-las. E Tomás nada nos disse que levasse a crer que seus interlocutores o forçavam a ir além de seus conhecimentos.

No entanto, a essa atividade multifacetada devemos acrescentar um último traço: Tomás foi também o comentador de Aristóteles.

O comentador de Aristóteles

A última grande ocupação de sua segunda docência parisiense, inaugurada pelo comentário ao *De anima*, no último ano de sua estada em Roma, seguiu em ritmo acelerado. Ele continuou a tarefa sem interrupção, pois os comentários a Aristóteles se multiplicavam à época. Não havemos de seguir uma ordem cronológica que é difícil de ser estabelecida, já que alguns livros foram escritos integralmente em Paris; outros, começados ali e continuados em Nápoles; fora os muitos deixados por concluir. De todo modo, enumeremos, em primeiro lugar, os comentários ao *Livro da interpretação* (muitas vezes chamado por seu título grego: *Peri hermeneias*) e, depois, aos *Analíticos posteriores*, que integram um conjunto maior chamado *Órganon*, isto é, «ferramenta de trabalho», dedicado à forma de conduzir uma reflexão precisa. O comentário de Tomás permanece nesta linha; e, apesar de sua característica assaz técnica, ambas as obras foram amplamente difundidas.

Com os comentários à *Física* e à *Metafísica*, temos as grandes obras desse gênero literário. Seus títulos falam por si – não há muito mais o que dizer. Por outro lado, o *Comentário à Ética a Nicômaco* (*Sententia libri Ethicorum*) presta-se melhor a uma apreciação adequada do esforço de Tomás em face de Aristóteles. Mesmo sem mergulhar muito em seu conteúdo – uma vez que seria preciso, para isso, retraçar as linhas principais da moral tomasiana –, é possível compreender bem que ele não quis fazer um simples comentário crítico: não há dúvidas de que, ao comentar Aristóteles, Tomás se impunha.

Não podemos reprovar sua atitude porque há entre as duas morais toda aquela diferença trazida pelo Evangelho. Se Aristóteles segue a ordem de uma ética fundamentalmente pagã, Tomás se coloca desde o início em perspectiva cristã, esforçando-se para confrontar o Filósofo com a finalidade contemplativa que, para ele, constitui a felicidade da bem-aventurança derradeira. Compreenderemos melhor o que ele queria fazer se lembrarmos que o comentário à *Ética* não era um curso que havia ministrado para seus alunos, mas o equivalente a uma leitura pessoal feita com grande atenção, no intuito de compreender o texto aristotélico com profundidade e preparar a redação da parte moral da *Suma teológica*.

Além dessas obras, Tomás nos deixou muitos outros trabalhos inacabados, incluindo o início de um comentário à *Política* que a posteridade distorceu ao completá-lo segundo uma ótica assaz diferente da original. O comentário sobre *O céu e o mundo* trata evidentemente da cosmologia; o autor chegou a completar ali suas visões metafísicas, que merecem sempre ser conhecidas, mas os dados «científicos» estão em grande parte desatualizados. Ao lê-lo, notamos que, mais do que em outro lugar, Tomás reinterpreta Aristóteles no sentido da fé cristã, como se percebe com a retomada da questão da eternidade do mundo. O comentário à *Geração e corrupção* não está apenas incompleto: antes, mal chegou a ter início. Em seu depoimento ao processo de Nápoles, Guilherme de Tocco nos garante que viu o santo escrevendo a obra, e até acredita que tratou-se de seu último trabalho em filosofia. Guilherme teria estado em Nápoles em 1272 ou 1273, nos últimos meses de atividade do Mestre (antes de dezembro de 1273). Também data dessa época a obra inacabada *Sobre os meteoros*.

Tomás e seus secretários

Teremos de retornar um pouco ao comportamento de Tomás em relação a Aristóteles. Depois de falarmos de sua estadia em Paris, chegou o momento de fazer uma pausa e rever certa questão difícil de evitar. A lista de comentários sobre as obras de Aristóteles, por si mesma, seria suficiente para dar testemunho da intensidade do trabalho efetuado por Tomás, bem como de sua rapidez. No final de nosso capítulo sobre o período romano, já enfatizamos o grande trabalho desenvolvido por ele durante aqueles três anos. Se fizermos agora uma retrospectiva da produção do segundo período parisiense, não ficaremos menos surpreendidos. A recapitulação das obras dessa época nos leva à seguinte lista: os comentários aos Evangelhos de São Mateus e São João; toda a longa segunda parte da *Suma teológica,* assim como cerca de 25 questões da terceira; uma dezena de comentários às obras de Aristóteles, incluindo algumas inacabadas, mas muito volumosas; o comentário ao *Livro das causas*; as *Questões sobre o mal* (101 art.), o *Sobre a virtude* (36 art.); uma série de *quodlibeta* (176 art.); e catorze «opúsculos», incluindo *A eternidade do mundo*, *A unidade do intelecto*, *A perfeição da vida espiritual*, o *Contra retrahentes*, *As substâncias separadas*, entre outros.

Uma vez que as probabilidades históricas (que às vezes são certezas) são fortes, não é apenas admiração o que essa lista provoca, mas certa incredulidade. É preciso questioná-la, então, e tentar verificar se trata-se de algo materialmente possível, e em quais condições. Nesse caso, deve-se recorrer a alguns números, esperando que o leitor nos perdoe e já adiantando que iremos expor apenas o necessário. Também serão usados com cautela, dada a incerteza quanto à data de redação de algumas obras. As contagens do *Index thomisticus* – obra de referência graças à qual podemos encontrar na internet todos os textos e palavras das obras de Tomás – são muito precisas, porém, e assim a margem de erro é pequena.

O volume do trabalho executado de outubro de 1268 até o final de abril de 1272 – aproximadamente 1.253 dias de trabalho possíveis – soma 4.061 páginas, de acordo com a edição manual corrente, que é muito compacta. Isso equivale a uma média de pouco mais de três páginas por dia, ou um total diário de 2.403 palavras. Se considerarmos apenas os dezesseis meses do período final (1271-1272), e levando em consideração algumas obras que foram sobrepostas a outras, contando a partir de 1º de janeiro de 1271 o número aumenta para aproximadamente 2.747 páginas escritas em 466 dias, numa média diária de seis páginas, o dobro da média anterior. Talvez um último número nos ajude a visualizar melhor o ofício: se tomarmos como referência uma folha no formato de papel atual (A4), com uma digitação contendo cerca de 350 palavras, Tomás teria composto mais de doze por dia. Isso quer dizer que, exceto talvez por alguns autores populares, nenhum escritor da área em que Tomás atuava pode almejar compor nem mesmo um terço do que ele produziu. Se levarmos em conta somente duas páginas por dia, sua produção equivaleria a dois livros de 350 páginas por ano.

No entanto, esse resultado não pode ser explicado apenas pelo trabalho de Tomás. Já mencionamos em várias ocasiões que ele tinha uma equipe de secretários à disposição. Podemos identificar esses secretários já em seu magistério em Paris, e eles se tornam constantes depois dessa época. A letra de Reginaldo, seu confrade, é reconhecida em diversos manuscritos. Talvez também a de um escriba conhecido: Tiago de Asti. E, sem que seja possível identificar sempre a caligrafia, certamente há outros dominicanos: Raimundo Severi, Nicolas de Marsillac e Pedro de Andria. Evenus Garvith, clérigo diocesano, talvez tenha sido também um desses profissionais, enquanto Léger de Besançon, redator das lições sobre Mateus, parece ter sido aluno de Tomás.

Tocco repete com frequência que Tomás dedicava a maior parte de seu tempo a escrever ou ditar. É de supor que, com o tempo, a segunda ocupação tenha se tornado predominante, pois os raros manuscritos de próprio punho que chegaram até nós são daquelas obras que pertencem à primeira parte de sua carreira (os comentários a Isaías e Boécio, as *Sentenças* III); a *Suma contra os gentios* parece ser o último exemplo conhecido. Tomás quiçá tenha percebido ainda muito cedo que sua escrita era impossível de ser decifrada por escribas inexperientes, e temos provas da existência desses secretários desde o início da sua docência. Sabemos, ademais, que tinha o hábito de ditar, na mesma sessão, vários assuntos para diferentes pessoas.

Desse modo, Bartolomeu de Cápua, ao narrar a maneira como Tomás organizava seus dias, relata que, após ter celebrado a Missa, «ele se punha a escrever e a ditar para vários secretários». Tocco ressalta o mesmo. Dizia manter «laços amizade com seu confrade Reginaldo, seus estudantes e seus secretários», os quais afirmavam que o «mestre ditava ao mesmo tempo, e sobre diversas matérias, a três e às vezes quatro». No entanto, isso não deve ser tomado ao pé da letra. A presença de vários secretários ao redor de Tomás não significa necessariamente que ele ditava simultaneamente a várias pessoas. A concentração exigida pelas matérias de que tratava torna pouco verossímil a ideia de que ele pudesse passar de uma a outra. Antes, é preciso imaginar pessoas que se sucediam no decorrer do dia para satisfazer ao ritmo de trabalho do mestre. Eles eram obrigados a revezar porque, segundo depoimentos de especialistas, um escriba não podia copiar mais de um fólio por dia. Se a lendária concentração de Tomás era condição indispensável para a boa realização de seus trabalhos, devemos também dar créditos à organização – e até mesmo à racionalização – do trabalho. Os secretários, ademais, podiam ser empregados em outras tarefas além da estenografia. É provável que isso tenha ocorrido na *Catena aurea*, com as consideráveis pesquisas documentais necessárias para sua composição; e também com o *De veritate* – em relação ao qual mencionamos as fichas que Tomás utilizou – e o *Tabula libri Ethicorum*, onde encontramos, em estado bruto, o trabalho dos secretários antes da revisão do mestre.

Obviamente, não se deve achar que os secretários costumavam preparar todo o material, cabendo ao mestre apenas dar-lhe forma. Todo professor que já tenha se beneficiado da colaboração de um assistente é capaz de compreender com facilidade esse processo. Entretanto, pode-se imaginar os colaboradores de Tomás organizados numa verdadeira oficina de produção literária – seguindo o conhecido exemplo das escolas de pintura, para não falar nas práticas dos *ghost writers*, bem conhecida entre os autores profissionais. Não há outra maneira plausível de explicar sua fecundidade. Diante do grau de detalhes que conhecemos a respeito de seu dia, não é preciso examinar minuciosamente os textos para compreender que Tomás não perdia um minuto de trabalho. Quando mencionam sua fecundidade literária, seus biógrafos logo veem algo de miraculoso ali; se há nisso um milagre, porém, talvez devamos vê-lo no fato de Tomás ter conservado a crescente intensidade de seu ritmo durante aproximadamente 25 anos.

X
Última docência em Nápoles (1272-1273)

Tomás deixou Paris na primavera de 1272, depois de uma jornada de mais de quatro anos. Como habitualmente ocorre com as outras datas, temos de confessar aqui certa incerteza. Sabemos, porém, que Tomás manteve a disputa quodlibética da Quaresma de 1272. Pouco depois do Pentecostes desse mesmo ano (12 de junho de 1272), o capítulo da Província de Roma, reunido em Florença, confiou-lhe a tarefa de organizar uma escola de teologia, deixando-lhe livre a escolha do local, das pessoas e do número de estudantes. Essa decisão é um indício de que ele já havia retornado, ou estava prestes a retornar, para a Itália. Diversos documentos atestam sua presença em Nápoles desde o dia 10 de setembro de 1272.

Ao contrário do que se pode pensar, a escolha de Nápoles como sede do novo centro de estudos a ele confiado não foi, para Tomás, uma questão subjetiva. Na verdade, o lugar já havia sido decidido no capítulo anterior, três anos antes. Além disso, a decisão certamente já tinha começado a ser executada: um mínimo de organização prévia deveria existir para acolher os estudantes enviados pelos conventos da província. Do mesmo modo, Nápoles acolhia a residência do mais poderoso dos príncipes italianos e era a única cidade que tinha tradição universitária, a qual Frederico II iniciara e Carlos I de Anjou tentava restaurar. Em carta de 31 de julho de 1272, Carlos aproveitou a greve que já vinha acontecendo em Paris havia algum tempo para convidar seus mestres e estudantes a terminar seus trabalhos na cidade, de cujo charme e comodidades ele se gaba. Sabe-se que pelo menos três mestres se deixaram tentar. Também sabemos que o próprio Tomás recebeu do rei o valor mensal de uma onça de ouro por seus ensinamentos teológicos. De qualquer forma, esse novo centro dominicano em Nápoles não teria nem a importância nem o estatuto jurídico daquele de Paris ou de Bolonha, de Pádua ou de Montpellier, cidades em que o *studium* dos mendicantes eram praticamente a faculdade de teologia da universidade.

O curso sobre as epístolas de São Paulo

Quanto à matéria lecionada durante os últimos meses de vida de Tomás, todos os indícios que temos disponíveis nos levam a crer que ele ministrou um curso sobre os Salmos e outro sobre São Paulo, mais precisamente sobre a Epístola aos Romanos. Assaz controverso, o dossiê sobre as datas e locais em que foram comentadas as diversas epistolas foi recentemente renovado, e é certo que os comentários à Epístola aos Romanos datam dessa época. Os manuscritos de Tomás guardam traços da revisão que ele mesmo fez nos treze capítulos de seu comentário. Não se trata, como em geral ocorre, de intervenções arbitrárias de copistas ou redatores, mas de correções pontuais do autor que os escribas, confusos, tiveram dificuldade de introduzir nos lugares exatos por estarem mal indicadas. Em apoio às informações encontradas nos manuscritos em questão, podemos trazer o depoimento de uma testemunha ocular. Ao falar dos cursos sobre as epístolas de Paulo, o historiador Ptolomeu de Lucques reservou um espaço especial à Epístola aos Romanos, em que disse: «Vi e li o texto que ele mesmo anotou». Portanto, tudo indica que Tomás ministrou o curso em Nápoles sobre a Epístola aos Romanos e que corrigiu rapidamente os treze primeiros capítulos. Foi de Nápoles que o texto se espalhou, assim como, sem dúvida, o resto do *corpus* paulino.

No que diz respeito aos outros escritos além da Epístola aos Romanos, as coisas são menos claras. Podemos ao menos dizer que, apesar da diversidade de tempo e lugar, Tomás pensou seu comentário paulino como um todo. A prova disso se dá no prólogo que ele coloca no início desse conjunto. Vem proposto um plano geral de todas as epístolas, no qual cada uma responde a um propósito específico que é reafirmado no início de cada capítulo, salientando bem a unidade de seu propósito. Eis uma passagem longa deste texto, a qual dá, ao mesmo tempo, um exemplo muito claro e significativo de seu método:

O Apóstolo escreveu catorze epístolas: nove delas instruindo a Igreja dos gentios; quatro, os prelados e os príncipes da Igreja, assim como os reis; e a última endereçada aos hebreus, os filhos de Israel. Esse ensino se relaciona totalmente com a graça do Cristo, que podemos considerar sob uma modalidade tripla.

Em primeiro lugar, tal qual se encontra na própria cabeça, o Cristo, e é assim que a achamos na Epístola aos Hebreus. Depois, tal qual se encontra nos membros do Corpo Místico, e é assim que a achamos nas epístolas enviadas aos prelados [as cartas pastorais]. Por fim, tal qual se encontra no próprio Corpo Místico, que é a Igreja, e é assim que a achamos nas epístolas enviadas aos gentios.

[No último caso,] há ainda uma distinção, pois a graça do Cristo é passível de tripla consideração. Primeiro, nela mesma, como na Epístola aos Romanos. Em segundo lugar, nos sacramentos da graça, como nas duas epístolas aos Coríntios – a primeira trata dos próprios sacramentos e a segunda, da dignidade de seus ministros – e na Epístola aos Gálatas, em que se encontram excluídos os sacramentos supérfluos [os costumes judaicos] contra aqueles que queriam juntar os antigos sacramentos [a circuncisão] aos novos. Por fim, a graça do Cristo é considerada segundo a obra da unidade que ela realiza na Igreja.

[A partir deste último ponto de vista], o Apóstolo trata, primeiramente, do fundamento da unidade eclesial nas Epístolas aos Efésios; em seguida, de sua confirmação e progresso nas Epístolas aos

Filipenses; depois, de sua defesa contra os erros nas Epístolas aos Colossenses; contra as perseguições presentes na Primeira aos Tessalonicenses; e contra as perseguições futuras, sobretudo no tempo do Anticristo, na Segunda.

Quanto aos prelados das igrejas, ele instrui tanto os espirituais quanto os temporais. Para os espirituais, fala do fundamento, da construção e do governo da unidade eclesiástica na Primeira a Timóteo; da firmeza contra os perseguidores na Segunda; da defesa contra os hereges na Epístola a Tito. Quanto aos senhores temporais, instrui-lhes na Epístola a Filêmon.

Eis, portanto, a razão da distinção e da ordem de todas as epístolas.

Habituado a outro estilo de abordagem da Bíblia, seja ele científico ou pastoral, o leitor contemporâneo permanece um tanto surpreso diante dessa exposição sistemática. Tomás não parece considerar que as cartas de São Paulo sejam apenas escritos ocasionais, que nunca passou pela cabeça do Apóstolo querer transmitir um ensinamento tão fortemente estruturado na graça de Cristo. No entanto, ele também jamais foi ingênuo a ponto de acreditar que poderia ter captado toda a riqueza dos textos de Paulo.

A longa citação não apenas manifesta a unidade do propósito tomasiano, mas mostra também a que ponto a perspectiva eclesial está presente em seu pensamento. Além disso, trata-se de algo igualmente valioso para compreendermos sua teologia espiritual. Basta recorrermos aos comentários para encontrar inúmeros dados nesse sentido. Vejamos algumas linhas dedicadas ao Espírito Santo a título de complemento à citação anterior sobre Cristo. A propósito de Romanos 8, 2 – «A lei do Espírito da vida em Cristo Jesus» –, Tomás escreveu:

> Num primeiro sentido, essa lei é o próprio Espírito Santo. De modo que, por lei do Espírito, é preciso compreender a lei que é o Espírito. O propósito da lei é, efetivamente, induzir o homem a fazer o bem. Segundo o Filósofo [Aristóteles], a intenção do legislador é a de fazer bons cidadãos. Ora, a lei humana só pode fazê-lo quando dá a conhecer o bem que é preciso fazer. O Espírito Santo que habita na alma não só ensina o que é preciso fazer, iluminando a inteligência, mas ainda inclina a vontade para agir com retidão [...]. Num segundo sentido, esta lei pode ser entendida a partir do efeito próprio do Espírito Santo, isto é, da fé que opera pela caridade. Ela também ensina interiormente o que é preciso fazer, segundo o versículo da Primeira Epístola de João 2: «Sua unção vos instrui de tudo»; do mesmo modo, impulsiona a vontade de agir, de acordo com 2 Coríntios 5, 14: «A caridade de Cristo nos compele». Portanto, essa lei é chamada *nova lei* seja porque se identifica com o Espírito Santo, seja porque o próprio Espírito Santo a opera em nós [...]. E, se o Apóstolo acrescenta *em Cristo Jesus*, é porque esse Espírito só é dado aos que estão no Cristo Jesus. Como o sopro vital não alcança o membro que não está ligado à cabeça, da mesma forma o Espírito Santo não alcança o membro que não se vê ligado ao Cristo.

O curso sobre os Salmos

Além da continuidade da redação da *Suma teológica* (IIIa, q. 20/25-90), não sabemos quais podem ter sido as atividades acadêmicas de Tomás entre 1272 e 1274. Quanto às matérias lecionadas, depois de termos falado sobre o *corpus* paulino, resta-nos tratar do curso sobre o saltério. Os historiadores por muito tempo hesitaram ante essa época tardia da carreira de Tomás. As últimas pesquisas, porém, demonstram que as inúmeras alusões do autor à sua obra prévia não podem deixar dúvidas.

No que diz respeito ao conteúdo, o prólogo desse curso é muito instrutivo para compreender o método e a intenção do autor que está prestes a comentar o tesouro da oração eclesiástica. Tão esclarecedor como o de São Paulo citado há pouco, e também complementar, ele ilustra bem a maneira como Tomás aborda seus diversos comentários da Escritura. Tomás deseja destacar a «causa», que é quádrupla (matéria, forma, fim, agente), segundo o ensinamento de Aristóteles:

> «Sua matéria é universal; enquanto cada um dos outros livros canônicos tem sua matéria especial, este cobre a matéria de toda a teologia». [Isso pode se verificar em diversos âmbitos, sobretudo no que concerne à obra de salvação operada por Cristo]: tudo o que está relacionado ao fim da encarnação é expresso nesse livro de maneira tão clara que se poderia acreditar-se diante do Evangelho, e não da Profecia [...]. Essa plenitude é a razão pela qual a Igreja retorna incessantemente ao saltério, pois ele contém toda a Escritura.

Após a matéria, Tomás trata de caracterizar o modo ou a forma do livro:

> A Sagrada Escritura tem caráter múltiplo. Pode ser «narrativo», [...] como nos livros históricos; «rememorativo», «exortativo» e «prescritivo», [...] como na Lei, nos profetas ou nos livros sapienciais; «disputativo», [...] como em Jó ou em São Paulo; «deprecativo» ou «laudatório», como nos Salmos. Como efeito, tudo o que, nos outros livros, é tratado segundo o modo preciso se encontra aqui na forma de louvor e oração [...]. É de lá que se tira o título do livro: Início do Livro dos Hinos, ou dos «solilóquios» do profeta Davi a respeito do Cristo. O hino é um louvor a Deus sob a forma de canto. O canto é a exultação da alma voltada ao sujeito das realidades eternas e se exprime pela voz. Ensina, portanto, a louvar a Deus na alegria. Solilóquio é o colóquio pessoal do homem com Deus ou apenas consigo mesmo; é o que convém a quem louva e reza.
>
> Quanto à finalidade desse livro, consiste na oração, na elevação da alma a Deus [...]. É possível que a alma se eleve para Deus de quatro maneiras: 1) por admirar a grandeza de sua potência [...]: na elevação da fé; 2) por tender à excelência da sua beleza eterna [...]: na elevação de esperança; 3) por se apegar intimamente à sua divina bondade e santidade [...]: na elevação da caridade; 4) por imitar a justiça divina no seu agir [...]: elevação da justiça. [Esses diferentes pontos estão implícitos em diversos salmos], e é por isso que São Gregório assegura que, se vem acompanhada da intenção do coração, a salmodia prepara

na alma um caminho para Deus, que infunde nela os mistérios da profecia ou a graça da compunção.

Quanto ao autor dessa obra, trata-se do próprio Deus, evidentemente, visto que as Sagradas Escrituras não são frutos da vontade humana, mas da inspiração divina, que faz surgir os instrumentos apropriados. Assim, Tomás termina sua introdução com certas indicações sobre a forma como a revelação profética se realiza, ao mesmo tempo que permite o jogo das causas segundas. Quem se dedicar a esta «leitura» dos Salmos pela ótica de Tomás não irá se arrepender. No entanto, a austeridade do texto nos permite perceber que o escriba só anotara as ideias essenciais do mestre, deixando escapar as explicações mais detalhadas, assim como o calor da palavra viva que torna o ensinamento oral bem diferente das notas de aula, por melhor que sejam. É preciso saber ler esse texto para notar sua riqueza; deve-se descobrir suas fontes, ver o que Gregório ou Agostinho disseram sobre o assunto a fim de reconstituir, se possível, o que Tomás pode ter dito no seu curso.

Peguemos como exemplo o Salmo 3, 6: «Eu me deito e logo adormeço». Tomás evoca em poucas palavras o nascimento da Igreja a partir do lado transpassado do Cristo adormecido no sono da morte, o que remete ao nascimento de Eva a partir do lado de Adão adormecido na manhã do Gênesis. Aqui Tomás ecoa algo muito comum na patrística, que prolonga o paralelo paulino entre os dois Adões àquele paralelo estimado por Irineu: o das duas Evas – sendo a Igreja a nova «mãe dos viventes». Este paralelo foi transmitido a Tomás por dois autores conhecidos: Agostinho e Crisóstomo, cujos textos são de rara profundidade. Os ouvintes de Tomás conheciam esses textos, ou ao menos teriam ouvido algo sobre eles da boca do próprio mestre. Por isso, na falta de um comentário adequado, o leitor de hoje corre o risco de ver-se privado da riqueza desse pano de fundo. Exemplos análogos poderiam ser dados a propósito da oração, da afetividade, do desejo de Deus, etc.

As traduções dos comentários transcritos de Tomás se multiplicaram desde o final do século passado, e ainda resta muito a ser feito para que sejam mais utilizadas e adentrem a prática teológica atual. Se bem feitas, essas traduções só serão úteis e fecundas se vierem acompanhadas e ampliadas por sua integração à reflexão teológica, pois a dificuldade reside menos no latim do que naquilo que está velado nos textos.

Os «mistérios» da vida de Cristo

Quando deixou Paris, Tomás levou consigo vários livros em produção. Entre as tarefas que ainda o aguardavam, certamente a primeira era concluir a *Suma*. Na chegada a Nápoles, estavam escritas somente as vinte ou 25 primeiras questões da terceira parte. Isso correspondia mais ou menos ao segmento propriamente especulativo da teologia do Cristo: o estudo da união das duas naturezas, a humana e a divina, na única Pessoa de Cristo e o impacto que isso tem em nossa maneira de falar sobre Ele. Foi nessa época, em Nápoles, que Tomás redigiu o final das questões sobre o Cristo e começou sua teologia dos sacramentos. Podemos deixar de lado, aqui, o que concerne à teologia sacramental, mas é necessário falar, ao menos brevemente, dessa parte de sua cristologia.

Popularizadas sob o inexato nome de «Vida de Jesus», as questões 27 a 59 da terceira parte revelam uma bagagem bíblica e patrística surpreendentes, mesmo depois do alto nível especulativo das questões de 1 a 26. Por outro lado, não há ali nada de surpreendente para quem já conhece tanto os comentários bíblicos de Tomás quanto seu gigantesco esforço de investigar o legado dos Padres da Igreja na *Catena aurea*. De todo modo, é preciso falar disso com certo zelo, pois trata-se da parte mais nova de sua cristologia, bem como de uma das grandes singularidades da *Suma* após sua doutrina do homem. Além disso, é possível observar ali mais um encontro entre essas páginas e a evolução de Tomás nos últimos anos de sua vida.

Tomás declara querer falar de «tudo o que o Filho de Deus encarnado fez e sofreu na natureza humana que a Ele se uniu», ou – segundo uma fórmula que surge várias vezes – «de tudo o que Cristo fez e viveu em sua vida terrena». O plano que anuncia desenvolve-se em quatro seções, cuja semelhança estrutural com a da própria *Suma teológica* é imediatamente perceptível:

O ingresso [ingressus] *do Filho de Deus neste mundo (questões 27 a 39)*: é a ocasião para falar de sua mãe, a Virgem Maria, de sua santificação no seio materno, de sua virgindade, seu casamento com José (um verdadeiro casamento), da Anunciação do anjo, etc. Não equivale a uma teologia completa da Virgem Maria, mas de cristologia e de tudo o que diz respeito ao nascimento de Jesus e às diversas circunstâncias que se lhe relacionam. Ao lado de dados fisiológicos desatualizados, há algumas intuições brilhantes (por exemplo, a de Maria dando o seu consentimento para a vinda do Salvador em nome de toda a humanidade: «Em nome de toda a natureza humana»).

O desenvolvimento [progressus] *da vida de Jesus neste mundo (questões 40 a 45),* em que se retoma o que é comumente chamado de *vida pública* de Cristo, o tipo de vida que Ele levou e o que dela podem apreender os que hoje pretendem anunciar sua mensagem: sua tentação no deserto, seu sentido dentro da história da salvação, seu ensinamento, seus milagres, sua transfiguração...

A saída [existus] *de Cristo deste mundo, sua Paixão e Morte (questões 46 a 52).* Sob títulos escolásticos consagrados, Tomás trata aqui dos temas mais polêmicos de que se ocupa ainda hoje nossa teologia da redenção. Quando fala sobre os atores da paixão (a «causa eficiente»), Tomás se questiona a respeito das respectivas responsabilidades – não apenas a dos judeus ou a dos romanos, mas dos homens em geral e mesmo a do Pai, o primeiro a «libertar» Jesus. Quanto à «modalidade eficiente» da Paixão – a maneira como ela opera a salvação –, articulam-se com precisão as noções de mérito, de satisfação, de sacrifício e de redenção, estando reservado somente a Cristo ser «o» Redentor, pois somente a pessoa do Verbo podia conferir tal valor aos atos humanos.

A exaltação [exaltatio] *de Cristo, ou seu triunfo após esta vida (questões 53 a 59).* Essas últimas questões examinam o desdobramento final do mistério do Cristo: a ressurreição, a ascensão, o reinado à direita do Pai e a faculdade então dada a Ele de ser, como o Pai e por meio de sua humanidade, o juiz dos vivos e dos mortos.

Essa enumeração simples de alguns dos temas tratados nos permite vislumbrar um pouco melhor a real proposta do autor. A sucessão da história evangélica oferecia-lhe um valioso quadro histórico e lhe permitiu passar em revista todos os acontecimentos da vida de Jesus (ele sempre diz «o Cristo»), tanto os menores como os maiores. Foi possível, pois, tratar de temas um tanto desconhecidos para inúmeros teólogos, como o batismo, as tentações de Cristo ou a maneira como Ele vivia entre a multidão. Tomás quer mostrar que o Verbo se fez homem da maneira mais humana e que nisso há material não apenas para a reflexão teológica, mas para uma meditação espiritual constante, capaz de aprofundar-se no mistério da encarnação e iluminar a vida cristã. O seu é um retorno veemente ao Evangelho, uma vez que «é nele que nos é transmitida a substância da fé católica e a norma de nossa vida cristã».

Ao contrário dos teólogos – tanto os protestantes quanto os católicos – da época da Contrarreforma, que parecem reduzir a obra da salvação ao paroxismo da dor e da morte, Tomás não acredita que o nascimento e os anos humildes da vida oculta sejam um prefácio supérfluo à morte na Cruz, que seria a única coisa importante. Nada lhe era mais estranho do que esse «dolorismo», e ele repete de forma ponderada: «O menor dos sofrimentos (*minima passio*) do Cristo teria sido suficiente para redimir o gênero humano». A propósito, em muitos lugares a palavra *passio* conservou seu sentido etimológico inicial: não significa necessariamente «sofrimento», mas tudo o que o Verbo fez, sofreu e sentiu enquanto viveu em nossa condição humana. Esse teólogo, que muitas vezes é tido como abstrato, conhecia bem o peso da inserção histórica do Verbo na nossa humanidade, e é por isso que se esforça para levá-la em consideração.

Para dar-lhe um nome adequado, o que Tomás queria fazer era uma «teologia dos mistérios» da vida de Jesus. Não é difícil compreender do que se trata se lembrarmos que o «mistério» (*mysterion*) de São Paulo (em Efésios 3, 3) resume tanto o plano divino da salvação quanto a maneira pela qual foi cumprido em Jesus. Portanto, se toda a vida do Cristo é ela mesma um mistério do amor de Deus que se revela e age na história, cada um de seus atos é também um «mistério», no sentido de que significa e realiza este «mistério» total. Profundamente tradicional, essa percepção das coisas remonta aos primeiros pensadores da fé cristã. Não era totalmente desconhecida dos escolásticos, pois seus predecessores e contemporâneos falavam dela ocasionalmente. Não obstante, Tomás se revela um tanto original porque é, durante muito tempo, o primeiro e o único a tratá-la como um todo inteligível, que é ao mesmo tempo autônomo e parte integrante de sua reflexão teológica sobre o Cristo.

Para ilustrar essas últimas observações, será útil reproduzir um exemplo do modo como o autor age nessa última parte da *Suma*. Ele levanta a questão, por muito tempo tradicional, de se Deus tinha à disposição um meio mais adequado do que a Paixão de Cristo para salvar o gênero humano. Tomás poderia ter se contentado com um raciocínio abstrato, mas faz o contrário e adota um modelo mais concreto:

> Um meio «convém» tanto mais para o fim que procura quanto mais vantagens lhe proporciona. Ora, o fato de o homem ter sido libertado pela Pai-

xão de Cristo deu a ele muitas vantagens para a salvação e, além disso, a libertação do pecado.

Por ela o homem conhece o quanto Deus o ama, e por isso é provocado a amar a Deus; é neste amor que consiste a perfeição da salvação humana. Assim diz São Paulo (Rm 5, 8): «Deus demonstra seu amor para conosco pelo fato de Cristo ter morrido por nós quando éramos ainda pecadores».

Pela Paixão, o Cristo deu-nos o exemplo da obediência, da humildade, da constância, da justiça e das outras virtudes necessárias para a salvação do homem. Como diz São Pedro (1 Pd 2, 21): «O Cristo sofreu por nós, deixando-nos o exemplo, a fim de que sigamos seus passos».

O Cristo, por sua Paixão, não apenas libertou o homem do pecado; deu-lhe também a graça da justificação e a glória da bem-aventurança.

Por causa da Paixão, o homem compreendeu que é obrigado a conservar-se puro de todo pecado, pois sabe que foi redimido pelo sangue de Cristo, segundo São Paulo (1 Cor 6, 20): «Alguém pagou alto preço pelo vosso resgate! Glorificai, portanto, a Deus em vosso corpo».

A Paixão conferiu ao homem grandíssima dignidade. Assim como fora vencido e enganado pelo demônio, o homem agora deveria vencê-lo; tendo merecido a morte, deveria também, ao morrer, vencê-la. E São Paulo nos diz (1 Cor 15, 57): «Rendam Graças a Deus, que nos dá a vitória por Nosso Senhor Jesus Cristo».

Por todas essas razões, «convinha» mais que fôssemos libertados pela Paixão do Cristo do que somente pela vontade de Deus.

Escolhido entre tantos outros igualmente significativos, esse texto é interessante por mostrar o método do teólogo nesta parte da obra. Ele não tenta provar a necessidade da Paixão (até diz que não era «necessária» em sentido estrito), o que lhe parece ser um fato; quer apenas realçar o que chama de «conveniência». Sabendo tudo o que sabe sobre os desígnios de Deus para a humanidade, esforça-se por valorizar todas as razões que permitem compreendê-lo como ato supremo do amor de Cristo e de Deus pela humanidade. Deste modo, reconstrói uma rede de convergências que sugerem que um ato assim, ainda que esteja acima da razão, não é irracional. A teologia aqui não é mais *demonstrativa* (na verdade, ela raramente o é), mas torna-se *ostensiva* (do verbo latino *ostendere*, que significa «mostrar»). Ela mostra, a quem quiser ver, que dá-se bem aquilo que dizem os textos da Revelação e por que devemos prestar atenção aos dados das Sagradas Escrituras (aqui, quatro dos cinco argumentos são tirados diretamente do Novo Testamento; alhures, são os textos dos Padres o que ele emprega com a mesma profusão). Num mesmo movimento, a teologia se faz também exortativa (seguindo o que lemos no prólogo do curso sobre os Salmos): o chamado ao amor por parte de Deus não pode permanecer em vão, nem para o teólogo, nem para o leitor. Tanto isso é verdade que, para Tomás, a teologia bem-feita termina numa espiritualidade e numa pastoral:

> A quem deseja levar uma vida perfeita, não há nada mais necessário do que desprezar o que Cristo desprezou na Cruz e desejar o que Ele desejou. Não há exemplo de virtude que a Cruz não nos ofere-

ça. Procuras exemplo de caridade? Não há caridade maior do que aquele que dá a vida por seus amigos (cf. Jo 15, 13), e foi o que Cristo fez na Cruz [...]. Procuras exemplo de paciência? O mais perfeito se encontra na Cruz [...]. Exemplo de obediência? Segue Aquele que se fez obediente ao Pai até a morte [...]. Exemplo de desprezo das coisas terrenas? Segue Quem é o Rei dos reis e o Senhor dos senhores, no qual se encontram todos os tesouros de sabedoria e que, no entanto, na Cruz aparece nu, ridicularizado, escarrado, flagelado, coroado de espinhos, na sede saciado com fel e vinagre, e que foi entregue à morte.

Os últimos meses e a morte de Tomás

Se nosso propósito fosse escrever uma biografia, esse seria o momento da parte mais concreta deste livro. O retorno a Nápoles nos daria a oportunidade de rever Tomás num ambiente que lhe era muito familiar, de reencontrar os membros de sua família, bem como outros que o conheceram e o ouviram nas pregações, que descreveram seu aspecto físico ou seu comportamento relacional – enfim, os que acabaram por dar testemunho em seu processo de canonização. Nenhum momento de sua vida, com efeito, foi tão iluminado quanto seus últimos meses. No entanto, somos obrigados a desistir dessa narrativa e nos contentar em acrescer brevemente algumas informações ao que já foi dito.

Tomás continuou a ocupar-se de outras tarefas além das aulas e da conclusão da *Suma teológica*. Como em todos os lugares onde já o vimos trabalhando, continuavam-lhe solicitando outras atividades (às vezes muito distantes dos assuntos que lecionava: foi, por exemplo, designado «testamenteiro» de seu cunhado Roger d'Aquila!). Contudo, ele tinha ainda várias obras por concluir e que permaneceram inacabadas, como os comentários a Aristóteles dos quais já falamos. Sabemos, ainda, que durante esse período ele pregou pelo menos duas séries impressionantes de sermões (sobre os Dez Mandamentos e sobre o Pai-nosso) aos fiéis da igreja conventual de Nápoles – e ainda na sua língua materna, como asseguram as testemunhas do processo de canonização.

Em 29 de setembro de 1273, Tomás participou também do capítulo de sua província em Roma na condição de «definidor», alguém que se encarregava de «definir» a política da província para o período seguinte. Algumas semanas mais tarde, enquanto celebrava a Missa na capela de São Nicolau, ele experimentou um novo êxtase (já tivera outros em dias anteriores) e saiu dele profundamente transformado: «Depois dessa Missa, ele nunca mais escreveu nem ditou nada, e até abandonou seu material de escrita; estava na terceira parte da *Suma*, no tratado da penitência». A um Reginaldo estupefato, que não entendia o porquê de ter abandonado seu trabalho, o Mestre simplesmente diz: «Não posso mais fazê-lo!». Depois de insistir, Reginaldo obteve a mesma resposta, mas desta vez com uma justificativa: «Não posso mais fazê-lo! Tudo o que escrevi me parece palha em comparação com o que vi». Deu-se por volta da festa de São Nicolau, em 6 de dezembro de 1273.

Essas palavras são universalmente conhecidas por aqueles com algum interesse em Tomás de Aquino, mas muitas vezes vêm mal compreendidas. A expressão «me parece palha» não significa que tudo aquilo não valia nada. Diante disso seria possível questionar se, em tais condições, valeria mesmo a pena estudar sua obra, o que constituiria um disparate. Na verdade, «palha» é a expressão consagrada para distinguir, com o devido peso, o grão da realidade do invólucro das palavras. As palavras não são a realidade, mas a designam e para ela conduzem. Ao alcançar a realidade mesma, Tomás tinha o direito de se sentir apartado de suas próprias palavras. Isso, porém, não significava que não dava valor à própria obra: ele simplesmente tinha ido além.

Após algum tempo na casa de sua irmã, para onde fora enviado a fim de descansar, Tomás e seu confrade voltaram a Nápoles. Algumas semanas depois, partiriam novamente rumo ao concílio que Gregório X convocara em Lyon para o dia 1º de maio de 1274, tendo em vista um entendimento com os gregos. Tomás, portanto, levou consigo o livro *Contra os erros dos gregos*, que havia escrito a pedido de Urbano IV. A reputação do viajante caminhava mais rápido, e no meio do caminho ele era aguardado por um emissário de Bernardo Aiglério, abade de Monte Cassino que o convidava para a fazer um breve desvio até a abadia, a fim de que esclarecesse seus religiosos a respeito do sentido de uma passagem de São Gregório. Já muito cansado, Tomás recusou a oferta, alegando que uma resposta escrita seria mais útil aos leitores futuros.

Os monges estavam confusos com a interpretação de um texto que tratava da relação entre a infalibilidade da presciência divina e a liberdade humana. Tomás reafirma esses dois dados e enfatiza que a diferença de plano entre ambos os termos apresentados não implica qualquer necessidade de um sobre o outro: ver alguém se sentar não é obrigá-lo a sentar-se. Assim, Deus não pode se enganar em sua ciência, que vê todas as coisas no presente de sua eternidade, enquanto o homem permanece livre em sua atividade de criatura situada no tempo. Paradoxalmente, essa carta a Bernardo Aiglério, ditada a Reginaldo, talvez seja a explicação mais clara e breve que Tomás chegou a dar sobre o problema. Ele já estava fisicamente debilitado pela doença, mas suas faculdades intelectuais permaneciam intactas.

Tomás morreu poucos dias depois na abadia cisterciense de Fossanova, onde parara para reestabelecer as forças. Depois de se confessar com Reginaldo, recebeu o Cristo pela última vez nesta terra.

XI
Nas fontes de um pensamento

Este pequeno livro busca facilitar ao máximo uma primeira aproximação à obra de Tomás de Aquino. Se quisermos ir além deste rápido esboço, um pouco de empenho se fará necessário – e, por se tratar de algo mais complexo do que a narrativa de uma vida ou a descoberta de uma obra específica, a empreitada não será nada fácil. Ao mesmo tempo, se desejarmos algo mais do que uma apresentação atemporal que dificilmente se justificaria, este capítulo nos fará vislumbrar um pouco melhor o lugar que Tomás ocupa na história do pensamento humano.

Como se pode imaginar, Tomás não é um ponto de partida absoluto. A exemplo de todos os pensadores que se sucederam desde a Antiguidade, ele é herdeiro dos que o precederam. No seu caso, esses predecessores são numerosos: «Ler na companhia de Tomás de Aquino é adentrar uma floresta de autores onde filósofos e teólogos crescem juntos» (H. Thierry-Dominique). De fato, se levarmos em consideração os cálculos que vários estudiosos nos deixaram, a lista de autores gregos e latinos antigos – sejam pagãos ou cristãos, árabes ou judeus – que aparecem na obra de Tomás de Aquino soma 164 nomes. É preciso acrescentar as citações bíblicas, os anônimos não identificados, os hereges, os coletivos de diversas escolas ou seitas, os nomes citados ocasionalmente, as citações litúrgicas e as vidas dos santos. O rol completo das obras que Tomás pôde ler integralmente ainda não foi compilado. É certo que, apesar da extensão de seus conhecimentos, ele não leu tudo simplesmente porque não tinha todos os livros à disposição. Na maioria das vezes, teve de se contentar com o que encontrara na glosa transmitida com a Bíblia, com as antologias já constituídas ou com aquelas compiladas segundo as necessidades da *Catena aurea*.

Não se trata de passar em revista este enorme material, ou mesmo parte dele. Mais proveitoso será o esforço para descobrir a maneira como Tomás se comportava com relação a essa herança. Quando falamos das fontes de seu pensamento, deve-se esclarecer primeiro que a palavra «fonte» não tem exatamente o mesmo significado que tem para nós. É claro que há autores que o influenciaram de forma geral, como Aristóteles e Santo Agostinho, mas, em Tomás, como para todos os seus contemporâneos, a utilização de autores do passado é encarada como um recurso às «autoridades» – e não apenas a evocação desses autores, mas sobretudo as citações que resumem o pensamento de cada um. Portanto, quando fala da autoridade das Escrituras, ou quando menciona Agostinho ou Aristóteles em dado contexto, ele pensa primeiramente numa citação que represente mais do que uma simples referência, uma vez que busca uma opinião autorizada que deve ser levada em consideração.

Tomás tratou desse assunto em alguns textos que nos permitem elaborar uma hierarquia das fontes, de acordo com sua maior ou menor proximidade da fé, que é o primeiro campo da teologia. Na primeira fila vêm as autoridades tiradas das Sagradas Escrituras: a Palavra de Deus recolhida na Bíblia confere a seus autores uma autoridade em princípio absoluta. Isso porque, se o uso do argumento de autoridade é o mais fraco quando se trata da razão humana, ele se impõe de forma contrária na teologia, dado que funda-se na Revelação divina. Em segundo lugar vem a autoridade dos Padres da Igreja, na medida em que se põem a comentar o dado revelado. Sua autoridade é certamente grande no domínio da fé, embora em outras matérias possam estar equivocados. Por fim, há as autoridades da razão humana, representadas pelos filósofos. Sem conferir-lhes o mesmo peso, Tomás os têm em grande conta: quando dizem a verdade, testemunham a grandeza do espírito humano. A razão não é, em si, contrária à fé; e, como a graça não destrói a natureza, é legítimo recorrer aos filósofos: eles podem contribuir para a inteligibilidade da Revelação.

A Sagrada Escritura

A Escritura é a única fonte que tem valor absoluto, uma vez que é o órgão da Revelação, o lugar em que a verdade divina vem expressa em termos humanos. O que depende da vontade de Deus (o mistério da Encarnação do Verbo, por exemplo) excede o que pode nossa natureza e só passa a ser conhecido na medida em que nos é transmitido pela Sagrada Escritura. Para Tomás, «a Sagrada Escritura é a regra da fé, à qual não se pode acrescentar nem subtrair». Não devemos nem aumentá-la com adições, nem diminui-la com omissões, nem pervertê-la com comentários ruins. O Credo também carrega este título de «regra de fé», o qual lhe cabe porque é quase unicamente composto de frases retiradas da Sagrada Escritura. Quando guardamos zelosamente as palavras sagradas, são elas que nos guardam e nos fortalecem na obediência. Essa referência às Escrituras é tão forte que Tomás chega a dizer: «Só acreditamos nos sucessores dos apóstolos e dos profetas na medida em que eles anunciam o que os apóstolos e os profetas nos deixaram em seus escritos».

Contudo, a autoridade das Escrituras não deve ser entendida equivocadamente. A tarefa do mestre não se limita a repetir servilmente suas palavras. Isso seria a própria negação do objetivo pretendido pelo professor. Ora, sabemos que a atividade principal de Tomás, de acordo com seu título de mestre nas Sagradas Escrituras, era explicar a Bíblia. Em inúmeras passagens, pudemos lançar luz sobre a forma como Tomás se comporta diante desta que é sua fonte principal. Primeiro, esclarece a pluralidade de sentidos das Escrituras. Se a Bíblia tem muitos significados, é porque não é um livro como os outros. A intenção do Autor pode ir além da intenção consciente do autor humano que lhe serve de instrumento. Vejamos uma distinção fundamental:

> O autor da Sagrada Escritura é Deus. Está em seu poder utilizar as palavras para exprimir algo – o que um homem também pode fazer –, mas Ele também pode utilizar coisas para o mesmo fim. Por isso, expressar-se em palavras é algo comum a toda ciência, mas a Sagrada Escritura tem como próprio que as mesmas realidades expressas pelas palavras significam, por sua vez, algo mais.
>
> A primeira acepção, segundo a qual as palavras significam realidades, corresponde ao primeiro sentido: é o sentido histórico ou literal. A segunda acepção, de acordo com a qual as realidades significadas pelas palavras significam, por sua vez, outras realidades, correspondem ao segundo sentido, chamado de espiritual [ou alegórico], o qual se fundamenta no sentido literal e o pressupõe.

Iríamos longe demais caso entrássemos nas subdivisões do sentido espiritual (alegórico, moral, anagógico); no entanto, que se saiba ao menos isto: porque Deus é o autor principal desse Livro, nada impede que uma mesma passagem possa ter diversos sentidos literais. De fato, Tomás dá ao sentido literal um alcance mais amplo do que daríamos espontaneamente. Vejamos um belo exemplo:

> O sentido parabólico está incluído no sentido literal, pois pelas palavras podemos significar algo no sentido próprio e algo no sentido figurado; e, neste caso, o sentido literal não designa a própria imagem, mas o que representa. Quando a Escritura fala do braço de Deus, o sentido literal não é que existe em

Deus um braço corporal, mas aquilo que é significado por esse membro: o poder de operar.

Inúmeros sinais atestam que Tomás teve grande cuidado ao ler o texto bíblico. Estava atento às ideias e ao ensino teológico correto, mas também às palavras, à gramática e ao estilo, às diferenças das traduções do hebraico, do grego e do latim. Em qualquer um de seus comentários, pode-se ver que as referências a uma versão que não seja a do texto latino de São Jerônimo pertencem por direito ao seu método. Seria possível fazer uma longa lista de suas críticas textuais, de outras interpretações e das referências à língua e costumes hebraicos ou gregos. Tomás sabe dar às letras toda a atenção que merecem. Os pesquisadores conseguem identificar o texto latino utilizado por Tomás e seu ocasional recurso aos «corretórios», aqueles conjuntos de notas acadêmicas sobre a tradução latina corrente, acumuladas ao longo dos séculos. Também enfatizam fortemente seu «cuidado no estudo do sentido próprio das palavras», sua atenção à gramática e ao estilo, assim como a história que se manifesta em seu zelo por identificar os detalhes históricos (G. Dahan).

Outro sinal do respeito com que Tomás trata o texto bíblico vai além da abordagem puramente científica. Ele faz dela uma exegese «confessante», a de um fiel para quem a «Bíblia se explica pela Bíblia, a palavra de Deus» (G. Dahan). Tomás não é o primeiro nem o único a proceder assim, mas as citações bíblicas em suas obras são particularmente numerosas: as que Paulo usara para confirmar suas proposições, as que Tomás escolhera para esclarecer o que dissera Paulo... Essas últimas, a propósito, têm um objetivo triplo: ilustração, explicação e aprofundamento. A citação *ilustrativa* «prolonga e completa uma anotação do texto paulino»; são as menos numerosas, mas não meramente decorativas. A *explicativa* esclarece um versículo por meio de outros versículos semelhantes, tirados de outros livros bíblicos. As citações visando ao aprofundamento do texto, por fim, são as mais numerosas. De ordem doutrinal, procedem, na maioria das vezes, por concordâncias verbais, de acordo com um processo que encontramos nas «colações» ao Livro de Isaías. As dificuldades doutrinais decorrentes de dois versículos aparentemente contraditórios resolvem-se com a ajuda de pequenos dossiês de apoio a cada um dos versículos em questão: Tomás sublinha a dificuldade da questão, mostra seu caráter complexo e dá sua própria solução.

O estilo «confessante» da exegese de Tomás é reconhecido no fato de ele ler a Bíblia «na Igreja». A primazia que reconhece ao argumento bíblico nada tem que ver com uma apologia da *Sola Scriptura* defendida mais tarde por Lutero. Tomás se inscreve numa longa linha de comentadores que foram se sucedendo desde o princípio. Ele reconhece prontamente esta dívida e recorre a eles com frequência. Não é possível enumerar todos aqui, mas os mais presentes são Orígenes, Jerônimo, Hilário, Ambrósio, Agostinho, Gregório, Crisóstomo, Pseudo--Crisóstomo, Pseudo-Dionísio... A glosa, em suas várias formas, e Pedro Lombardo são as fontes fundamentais a transmitir muitas outras citações. Esta referência constante aos Padres da Igreja não impede o recurso a autores profanos; destes, Aristóteles prevalece sobre todos os Padres, com exceção de Agostinho, que vem primeiro.

Os Padres da Igreja

Após as Escrituras, a segunda grande fonte utilizada por Tomás são os doutores que as explicaram. A distinção que o Aquinate estabelece, logo no início, entre a importância da Sagrada Escritura e a dos «doutores» cuja autoridade é apenas relativa (provável) repousa sob uma base indiscutível:

> Pois nossa fé repousa sobre a revelação feita aos apóstolos e aos profetas que escreveram os livros canônicos, e não sobre outras revelações, se é que existem, feitas a outros doutores. [Como declarou Agostinho:] «Os livros canônicos das Escrituras são os únicos a quem atribuo a honra de crer, com toda firmeza, serem seus autores incapazes de errar naquilo que estão escrevendo. Os outros, se os leio, não é porque pensaram ou escreveram o que considero verdadeiro, por mais eminentes que sejam na doutrina e na santidade».

É comum que se fale em «Padres da Igreja» para nomear os doutores que explicaram as Escrituras; Tomás, porém, foi mais circunspecto. Quer, antes, referir-se aos «Santos Padres». Não disse «Padres da Fé», pois só o Cristo poderia portar esse título: «Aos outros, pode-se chamar "doutores" ou "expositores" da fé, e não "pais"». Em lugar de «Padres», isto é, «Pais», Tomás opta por «Santos» [*sancti*]. A importância que lhes dá vem de que conservaram intacta a Sagrada Escritura e souberam, posteriormente, explicitar com retidão o que está contido nos artigos da fé. Tomás está sempre preocupado em enfatizar que «as Sagradas Escrituras são explicadas à luz do mesmo Espírito que as inspirou». E acrescenta:

> Quanto às coisas que não pertencem à fé, os doutores disseram muitas coisas que vêm de argumento próprio, e nessas matérias podem estar enganados. Seus ensinamentos não têm a mesma autoridade, e não somos obrigados a crer neles, mas somente na escritura canônica do Velho e do Novo Testamentos.

Já quanto à definição de como lidar com a autoridade dos Padres da Igreja, Tomás faz recomendações vigorosas no livro *Contra os erros dos gregos*. A obra foi escrita a pedido do Papa Urbano IV e examina um número considerável de textos de origem grega ortodoxa: 112, retirados de 27 autores. Tomás não hesita em dizer que encontrou nesses textos «muitas declarações úteis para assegurar nossa fé». Contudo, para apreciá-los corretamente, dispõe algumas regras para uma boa interpretação:

> Há certos pontos nos escritos dos Padres gregos que parecem duvidosos aos teólogos de nosso tempo. Penso que para isso há duas causas: a primeira, que os erros contra a fé levaram os santos doutores da Igreja a se expressarem com mais prudência, a fim de evitar novos erros. É claro, por exemplo, que os santos doutores que vieram antes do erro de Ário não falavam da unidade da essência divina com tanta clareza como os doutores que vieram depois.

Esse primeiro exemplo, tirado da crise ariana, é muito pertinente quando se trata do Cristo e da Trindade. Não podemos avaliar adequadamente a ortodoxia dos autores que vieram antes dos concílios de Niceia (325) e de Calcedônia (451) apenas à luz dos concílios posteriores. Tampouco se lerá de maneira pertinente os escritos de Agostinho sobre a graça ignorando-se que, nos livros que publicou após a heresia de Pelágio, ele se expressou com muito mais prudência ao tratar do livre-arbítrio. Para levar em conta outros casos semelhantes, Tomás estabelece uma primeira regra geral que ele mesmo pratica:

> Portanto, se nos escritos dos antigos Padres existem termos que não têm todo o rigor de expressão observado em nosso tempo, eles não devem ser desprezados ou rejeitados, nem mesmo estendidos para além de seu verdadeiro significado. Devem, antes, ser expostos com respeito.

Esta explicação respeitosa constitui a célebre «exposição reverencial», que encontramos de maneira mais ou menos igual em outros lugares. Ainda sobre algumas opiniões sujeitas a cautela, ele diz alhures: «Esses modos de falar não devem ser generalizados como se fossem exatos; por onde quer que sejam encontradas nos santos doutores, é preciso, ao contrário, interpretá-las piedosamente».

As traduções ruins e a diferença de sentido de certos vocábulos aparentemente semelhantes também são possíveis razões para impedir a boa compreensão dos textos. As mesmas palavras podem não dizer a mesma coisa em grego ou em latim. Tomás, então, enuncia a segunda regra:

Cabe ao bom tradutor, ao expor as verdades da fé católica, traduzir de maneira a respeitar o sentido do texto, adaptando o estilo ao gênio da língua para a qual se está traduzindo. Com efeito, se for necessário explicar em língua vulgar as coisas traduzidas literalmente do latim, a interpretação será totalmente inadequada caso seja tomada palavra por palavra. Além disso, ninguém ficaria surpreso se persistisse certa obscuridade numa tradução de palavra por palavra de uma língua para a outra.

Há ainda uma terceira regra que consiste em apelar para o contexto do pensamento do autor. Quando a passagem é difícil, não seria inteligente se ater à sua literalidade bruta: é preciso descobrir qual é a *intenção* de quem escreveu. Esse fecundo termo suscitou longos desdobramentos. Aqui, basta saber que a intenção é simplesmente o que o autor quer dizer. Às vezes trata-se de um argumento dentro de uma disputa, como quando a intenção de Aristóteles é colocada contra a interpretação dada por Averróis. Pode, também, consistir na tentativa de absolver um autor, mostrando que o que ele quer dizer é menos repreensível do que suas palavras tomadas literalmente. Esse procedimento ocorre mais de uma centena de vezes em Tomás, que fala da intenção de Agostinho, da intenção de Aristóteles, de Dionísio, etc.

A leitura desses textos permite duas constatações. Em primeiro lugar, se comparada ao que fizeram os autores incluídos no *Index thomisticus*, a «intenção do autor» é um vocabulário específico de Tomás: nenhum outro o usa. Em seguida, a busca pela intenção do autor encontra-se intimamente ligada à busca da verdade: «Para examinar com maior cuidado a intenção do autor e descobrir qual a verdade sobre certo assunto, deve-se saber que os antigos pensavam de forma diversa». Deste modo, Tomás passa em revista, sucessivamente, as principais opções do pensamento filosófico do campo em questão. No fim, ele oferece sua própria resposta, a qual é ela mesma um prolongamento dessa extensa busca. Portanto, recorrer à intenção do autor não é uma espécie de escapatória, uma vez que, para compreender o que um autor quer dizer, é preciso recordar a verdade sobre a busca que ele iniciara e que procurara expressar de forma mais ou menos feliz, segundo sua herança intelectual. É exatamente nisso que Tomás julga estar autorizado a interpretar ou prolongar seu pensamento.

A reverência que Tomás tem pelos Padres não impede que também possa se distanciar deles. Constatamos isso a propósito de Cirilo de Alexandria, por exemplo, do qual ele emite o nono anátema contra Nestório, a respeito da relação entre Cristo e o Espírito. Tomás havia compreendido bem o que Cirilo queria dizer, mas, em vez de entrar num longo esclarecimento, preferiu permanecer silente. Calou-se por «reverência»; fez uma exposição «distanciada». O comportamento de Tomás em relação a Crisóstomo é ainda mais conhecido e mais reservado. Porque Crisóstomo nos assegura que a «bem-aventurada Virgem Maria não foi preservada de todo pecado», o juízo de Tomás vai se tornando cada vez mais severo no curso de seus vários escritos, até que no final deixa escapar: «Crisóstomo passou dos limites». A palavra é forte em relação a um autor célebre, o que demonstra que, para Tomás, a autoridade dos Padres não é incondicional.

Não é possível mencionar todos os casos em que Tomás tece críticas às suas fontes. No entanto, é preciso saber que as três regras que mencionamos norteiam a atitude geral do autor em relação a elas. Podemos encontrar essas críticas não apenas em referência aos Padres, mas também aos filósofos antigos, árabes e judeus, e até mesmo aos teólogos medievais. Pode-se dizer que são muito importantes, visto que se aplicam a diversos autores. Também é preciso recordar duas coisas complementares: por um lado, as fontes de Tomás não se reduzem a essas personalidades eminentes, mas abarcam também todos os autores mais ou menos conhecidos que ele reuniu na *Catena aurea*. Por outro lado, encontramos uma notável familiaridade de Tomás com a história dos concílios. Trata-se de algo importante, pois, nas definições do concílio, a autoridade de tal pessoa ou tal Padre passa a se tornar a autoridade da Igreja, conferindo-lhe maior autoridade. Nisso Tomás também procede de forma hierárquica: se menciona 27 concílios diferentes em 241 passagens, 184 delas dizem respeito aos primeiros grandes concílios ecumênicos. É interessante notar que «Tomás parece ter sido o único grande teólogo do século XIII a utilizar, e com alguma insistência, as conclusões dogmáticas e os dossiês patrísticos dos cinco primeiros concílios ecumênicos» (M. Monard).

Depois dos Padres e dos concílios, devemos assinalar rapidamente um último tipo de fonte: a dos teólogos medievais. Raramente nomeados, e com frequência evocados com um simples *quidam* (alguns), esses autores não tinham, evidentemente, o mesmo peso dos autores mais antigos. Tratava-se de colegas professores – às vezes, da mesma geração de Tomás. Como ilustração, é suficiente evocar as discussões que suscitaram seus ensinamentos e seus escritos. Aqui, também, é uma nova prática comum o que dita suas avaliações: os ensinamentos dos teólogos não são «autênticos», não são verdadeiras autoridades, mas apenas «magistrais»: gozam tão somente do peso do mestre que as formulou. Tomás não hesita em deixar isso bem claro: «Esta glosa é simplesmente magistral: tem pouca autoridade». Juízos assim são às vezes formulados de maneira mais circunstanciada, mas se aplicam a todos. O próprio Pedro Lombardo, mestre das *Sentenças*, não escapa deles: Tomás discute longamente sua tese sobre o caráter incriado da caridade e estabelece o contrário de maneira indiscutível. Do mesmo modo, o Aquinate soube manter-se justo e apreciar o peso do raciocínio alheio. Quando fala de Hugo de São Vítor, pôde escrever: «Embora suas *dicta* sejam apenas as de um mestre, carecendo da força de uma autoridade, podemos tirar delas algum proveito (...)».

Esses exemplos bastam para o nosso propósito: mostram bem que o respeito de Tomás por suas fontes é acompanhado de uma certa liberdade. Qualquer coisa que não toque diretamente a fonte revelada está sujeita ao julgamento da verdade. Encontramos a mesma atitude de recepção respeitosa e de crítica perspicaz em relação aos filósofos, mesmo quando a fé cristã recomenda que se afaste deles.

As fontes filosóficas

Como dissemos nas primeiras linhas deste capítulo, para Tomás é legítimo utilizar a «autoridade» dos filósofos e teólogos como «argumento externo dotado de valor meramente relativo». Essa advertência não o impede, porém, de abordar esses testemunhos eminentes da razão natural com evidente simpatia metodológica.

Tomaremos como ponto de partida um fato muito negligenciado, mas que é óbvio: o interesse de Tomás pelo pensamento dos filósofos se manifesta particularmente nos pequenos dossiês que precederam o exame dos grandes problemas de que ele viria tratar. Assim, a propósito da eternidade do mundo, primeiro ele se preocupa em recordar as opiniões dos filósofos antigos sobre a questão. Começa pelos poetas-teólogos Orfeu e Hesíodo, segue com Platão, Demócrito e Sócrates, depois com Empédocles e Heráclito; retorna a Aristóteles e Platão, depois continua pelo neoplatônico Simplício e pelo aristotélico Alexandre de Afrodisia. O próprio Aristóteles iniciara esse inventário; Tomás não temeu prosseguir com os pensadores que vieram depois de Aristóteles.

Todas as grandes questões – filosóficas ou teológicas – abordadas por Tomás em suas obras são, portanto, iluminadas pela recordação das posições apresentadas. O melhor exemplo de uma discussão conduzida desta maneira pode ser encontrado em *As substâncias separadas*, cuja investigação ocupa 17 capítulos (trinta páginas da Edição Leonina). H.-F. Dondaine considerava esse livro «um dos escritos mais tipicamente tomistas: atento a tudo o que a tradição filosófica pode lhe oferecer», notável, particularmente, pelas «informações que explora», revelando «uma pesquisa [...] em plena maturidade, em plena posse de seu método».

O interesse de Tomás não se limita aos autores gregos e latinos: ele também teve longo contato com os filósofos de língua árabe. Podemos computar 405 menções explícitas a Avicena (980-1037), filósofo e médico muçulmano; 503 citações de Averróis; e 205 de outros autores árabes ou judeus. Maimônides (que também escreveu em árabe) lhe era familiar por conta da reflexão sobre a providência e sobre a profecia. Isso é ainda mais notável porque algumas traduções latinas eram muitíssimo recentes.

Quanto à maneira como Tomás lia esses autores, podemos tomar o exemplo de seu tratamento do fim último do homem. Embora tenha falado sobre o tema com grande frequência, ele nunca foi tão explícito quanto no texto das *Sentenças*, que data de sua juventude. Tomás observa que filósofos e teólogos divergem neste ponto: os filósofos situam a bem-aventurança na visão das substâncias separadas, enquanto os teólogos o fazem na visão do próprio Deus. Deste modo, podemos recorrer às soluções que os filósofos alcançaram para melhor chegar ao cerne da verdade. Tomás recorda a posição de vários autores, alguns eminentes, antes de propor sua solução. O que está em jogo nesse debate é algo maior do que o método utilizado. Tomás sabe questionar os autores pregressos; não absorve tudo, mas tira proveito deles para sua própria solução, numa clara consciência do caráter progressivo da reflexão filosófica: «Os antigos filósofos só entraram pouco a pouco e passo a passo no conhecimento da verdade».

Conduzido pelo princípio da benevolência para com os filósofos, Tomás toma deles tudo o que não é incompatível com a fé católica, chegando ao ponto de emprestar uma teoria da providência a Aristóteles. De fato, o caso de Aristóteles é emblemático. Já passou o tempo em que se acreditava que Tomás poderia ser considerado intérprete fiel do pensamento do mestre grego. Os filósofos se tornaram cada vez mais críticos quanto a isso. Reconhecem, de fato, que os comentários têm valor, mas Tomás flexionou a doutrina de Aristóteles em pontos decisivos. Assim com o *Comentário à Ética a Nicômaco*, guiado pela concepção cristã da bem-aventurança obtida pela visão do Deus uno; ou com o comentário à *Metafísica*, «orientado a uma metafísica do ser que lhe era totalmente estranha» (J. Owens). O criacionismo de Tomás e seu monoteísmo não são menos estranhos a Aristóteles. Já sabemos há muito que «Tomás batizou Aristóteles» (L.-B. Geiger). Segundo outros autores, sua ideia de ciência política seria «uma verdadeira negação do aristotelismo» (R. Bodéüs). Mesmo os que hoje em dia querem defender uma lealdade substancial devem admitir que ela aconteceu ao aprofundar e ir além do texto de Aristóteles.

Além dessas generalidades que tenderiam a diminuir Aristóteles aos olhos dos leitores tomistas, deve-se reconhecer sua importância mesmo nos tratados mais resolutamente teológicos. Aristóteles não é, evidentemente, uma fonte para o tratado da Trindade, mas é possível mostrar que ela é onipresente por meio do método de Tomás, de sua metafísica do ser e do agir, de sua filosofia natural, de sua reflexão sobre as ciências, de sua lógica, contribuindo, assim, em grande medida, para a originalidade da teologia tomasiana da Trindade. Há ainda quem considere que a maior contribuição de Aristóteles para Tomás e os autores medievais venha de que sua filosofia é, por assim dizer, uma *koiné*, como dizem os autores biblistas, uma linguagem e um quadro de referências comum. São diversos os exemplos a demonstrar que sua filosofia ajudou consideravelmente Tomás a desvendar e salvaguardar a integridade da natureza humana do Cristo, em conformidade com o dogma de Calcedônia (451), que insistira justamente no fato de que o Cristo não tinha apenas uma natureza divina, mas, também e plenamente, uma natureza humana integral – a nossa.

Demoraria muito passar em revista todos os pontos nos quais Tomás se distancia de Aristóteles, e é possível observar que, ao contrário dos Padres da Igreja, a quem ele evitava contradizer abertamente, Tomás às vezes dispensa Aristóteles de maneira brutal. Foi assim que se recusou a seguir a teoria psicológica segundo a qual duas paixões extremas não podem coexistir ao mesmo tempo no mesmo sujeito. Em Tomás, como se pode recordar, a alegria ilimitada da visão beatífica e o cúmulo do abandono coexistiram em Cristo no momento da Paixão. Eis como respondeu de maneira austera que a teoria de Aristóteles não se aplicava no caso de Cristo. A submissão à realidade da fé tem mais peso do que a autoridade de Aristóteles.

Essa liberdade, que vem acompanhada tanto de empréstimos quanto de recusas ou modificações, nós a encontramos facilmente em outros filósofos, bem como nos Padres da Igreja. Tomás atém-se ao bem onde quer que o encontre. Ele dialoga com seus interlocutores e distingue-se em tirar proveito de seus desacordos antes de propor sua própria solução. O fato de estarem vivos ou mortos não muda nada no procedimento: a abordagem é a mesma e a conclusão, semelhante; a pesquisa progride. Não se trata de empréstimos reunidos de forma mais ou menos artificial, pois Tomás não deixa intacto o que pega para si. Como já se disse, e muito bem: «Se reconhecermos que uma filosofia não deve se definir pelos elementos que toma de empréstimo, e sim pelo espírito que a anima, não veremos nesta doutrina nem platonismo nem aristotelismo, mas sobretudo o cristianismo» (É. Gilson).

Os empréstimos de Tomás não são roubos; são apenas uma forma de honrar os autores que o precederam, com quem ele aprendera e dos quais absorvera muita coisa.

Nesta busca, Tomás foi guiado por uma convicção profunda, da qual recorda-se frequentemente: «Tudo o que é verdadeiro, dito por quem quer que seja, vem do Espírito Santo».

A universalidade da presença do Espírito Santo nesse contexto corresponde exatamente à universalidade da presença ativa do Verbo criador a todas as coisas. Quaisquer que sejam as trevas deste mundo a que, por sua Encarnação, o Verbo trouxe a luz, explica Tomás, não podemos dizer que «nenhum [espírito] é tenebroso ao ponto de não participar em nada da luz divina. Com efeito, toda verdade conhecida por quem quer que seja deve-se plenamente a essa "luz que brilha nas trevas"; afinal, "tudo o que é verdadeiro, dito por quem quer que seja, vem do Espírito Santo"».

Podemos compreender que essa é a luz que anima a pesquisa de Tomás quando ele se volta para os autores não cristãos que lhe precederam. Se encontra uma verdade dita por um deles, sabe de onde ela vem e, assim, aceita-a sem hesitar. A atitude expressa a consciência de pertencimento a uma comunidade de perscrutadores da verdade, na qual a ajuda recíproca e desinteressada é uma lei fundamental:

> Qualquer um que pretenda sondar a verdade recebe ajuda alheia de duas formas: direta ou indireta. Recebemos a ajuda direta dos que já encontraram a verdade. Se cada um dos pensadores anteriores encontrar uma parcela da verdade, essas descobertas reunidas num todo, para o pesquisador que a eles se segue, é meio poderoso para se chegar a um conhecimento mais profundo dela. Também somos ajudados indiretamente pelos que estão enganados, uma vez que dão a possibilidade, aos que vieram depois, de fazer a verdade resplandecer mais claramente para a discussão aprofundada que provocaram.

Portanto, quando Tomás recusa certas posições de seus predecessores, ou quando as modifica e opõe-lhes ressalvas, deve-se sempre pressupor um fundo de gratidão. Aristóteles pavimentou o caminho, mas Tomás segue adiante e amplia ainda mais os elogios de seu mestre em filosofia:

> É justo agradecer aos que nos têm ajudado na busca desse grande bem que é o conhecimento da verdade, [...] não apenas àqueles que acreditamos terem descoberto a verdade e que seguimos à nossa maneira, comunicando-a aos outros, mas também aos que não foram tão fundo em sua busca, estes cujas opiniões não seguimos, mas abrem caminhos para que possamos exercer, nós mesmos, uma investigação mais profunda. Recebemos de alguns de nossos predecessores certas proposições gerais em re-

lação à verdade: aceitamos algumas; recusamos outras. Àqueles de quem as recebemos também tiveram predecessores de quem receberam um legado e que foram suas fontes de conhecimento. É preciso amar igualmente ambos: aqueles cujas opiniões seguimos e aqueles que têm opiniões que rejeitamos. Estes tentaram igualmente buscar a verdade, e é nisto mesmo que nos ajudam. No entanto, precisamos nos deixar convencer pelo que é mais certo e seguir a posição dos que mais seguramente chegaram à verdade.

Esse elogio à tradição filosófica poderá servir como conclusão a este estudo sobre a atitude de Tomás em relação às suas fontes. Traduz a clara consciência da posição do pesquisador numa longa cadeia temporal, sem a qual ele não poderia usufruir do capital intelectual que recebeu como herança. A preocupação em fundamentar sua argumentação sobre a autoridade do passado não exprime uma busca por segurança, nem mesmo certa intemperança na documentação; antes, é sintoma de uma convicção profunda, enraizada e alicerçada na historicidade do pensamento humano.

A relação de Tomás com suas fontes demonstra um aspecto de sua personalidade que, por muito tempo, permaneceu desconhecido. A extraordinária vitalidade da pesquisa atual revela a fecundidade dessa abordagem. Com justa razão, Tomás se tornou célebre por suas grandes opiniões filosóficas e seu gênio especulativo; a maneira como incorporou tudo isso à história não é menos notável.

XII
Deus que ama o mundo

Chegando ao final deste livro, é hora de oferecer ao leitor alguns vislumbres mais genéricos sobre o pensamento de São Tomás. Teoricamente, temos duas opções: a primeira seria expô-los segundo uma perspectiva que consistiria em identificar os grandes princípios filosóficos subjacentes aos escritos de Tomás, para que a partir deles se pudesse reconstruir sua «visão de mundo», por assim dizer. Noções importantes, como matéria e forma, ato e potência, o realismo do conhecimento, a teoria da causalidade, entre outras, nem sempre são percebidas na primeira leitura, embora estejam em toda parte e sua influência seja bem real. Tomás não achou necessário colocar isso em evidência, mas trata-se de algo possível e há vários trabalhos excelentes nesta linha (T.-D. Humbrecht, por exemplo, sintetizou muito bem as intuições tomasianas).

No entanto, por diversas razões, não faz sentido adotarmos essa perspectiva. Em primeiro lugar, uma tarefa difícil assim exigiria um livro muito maior do que este. Além disso, o caráter fortemente abstrato desse tipo de exposição iria frontalmente de encontro com a simplicidade desejada para estas páginas. Acima de tudo, o processo indutivo de um trabalho mais complexo, que se proporia a partir de nosso mundo criado com o intuito de chegar até o Deus criador, não conseguiria mais, na melhor das hipóteses, do que alcançar um princípio primeiro muito aquém do Deus da fé cristã, a menos que o filósofo tomasse uma fé anônima como premissa de seu raciocínio.

Seguiremos, portanto, uma segunda opção, Ela é resolutamente teológica e terá como ponto de partida o lugar onde o processo filosófico é obrigado a parar. Seguirá, ademais, o modo narrativo e mais concreto que adotamos até agora. No entanto, vemo-nos obrigados também aqui a conter nossa ambição. Não é toda a teologia que iremos apresentar em poucas páginas. Levando em conta nossas limitações, mas mantendo a linha até aqui seguida, permaneceremos dentro de dois temas principais que foram destacados quando de nossa leitura da *Suma contra os gentios* e que reencontramos também na *Suma teológica*: Deus e o mundo, Deus e o homem, o Alfa e o Ômega. Já analisamos o movimento circular que governa, de maneira geral, o pensamento de Tomás, bem como sua humildade ao abordar o mistério de Deus. Vimos também sua concepção do homem como um parceiro livre e autônomo de Deus. Talvez possamos, em certa medida, completar esta primeira abordagem. Quem é esse Deus de quem viemos e para o qual vamos? E quem é esse homem que Deus quis como parceiro? E, é claro, como conceber essa relação?

«Deus ama tudo o que existe»

Tomás justifica esta afirmação com um raciocínio bem simples: se o mundo existe, foi amado e querido por Deus ainda antes de existir. Diferentemente de nós, que só podemos amar as coisas já existentes, é o amor de Deus que chama as pessoas e as coisas à existência. É nele que se encontra o ponto de partida do esquema circular com que já nos familiarizamos. Antes de tudo, é preciso saber que, para Tomás, o início elementar desse movimento, a Criação, primeiro dom de Deus ao chamar-nos à existência, não se encontra no Princípio Primeiro postulado pelos filósofos, nem mesmo num Deus simples; jaz, antes, no Deus-Trino da fé cristã:

> O ato de criar pertence a Deus em razão de seu ser, e seu ser é idêntico à sua essência, que por sua vez é comum às suas três Pessoas. Criar, portanto, não é próprio de uma das pessoas, mas comum a toda a Trindade.

Cada Pessoa tem função própria a exercer nesta obra comum. Para explicá-lo, Tomás recorre a uma comparação sugestiva – com um artista no ato da criação:

> Efetivamente [...], Deus é a causa das coisas por sua inteligência e por sua vontade, como o artesão o é para os produtos de sua arte. O artesão opera segundo a ideia de seu trabalho tal qual concebida na inteligência, bem como pelo amor de sua vontade em relação a algo com que se relacione. Por conseguinte, Deus produziu a criatura por meio de seu Verbo, que é o Filho, e por seu Amor, que é o Espírito Santo.

Não é somente na produção das criaturas que as três Pessoas da Trindade atuam; sua ação se prolonga no movimento de retorno dessas criaturas a Deus. Também esse movimento ocorre sob a influência do Filho e do Espírito Santo:

> Assim como fomos criados pelo Filho e pelo Espírito Santo, também por meio deles somos unidos ao nosso fim último. Este já era o pensamento de Santo Agostinho ao falar do *Princípio ao qual voltamos*, o Pai; do *Modelo que seguimos*, o Filho; e da *Graça que nos reconcilia*, o Espírito Santo.

A fecundidade dessas poucas palavras desafiam a compreensão. Enfatizar que Deus fez tudo por meio de seu Verbo é colocar em evidência o fato de que foi por um ato voluntário e refletido que Deus chamou o mundo à existência. A criação não é apenas um escoamento necessário da Substância divina, como haviam imaginado outros proponentes do esquema «saída-retorno». Colocando o papel do Espírito Santo no mesmo patamar, Tomás também sublinha que, se Deus criou o mundo, não foi porque precisava, nem por outra razão a não ser Ele mesmo – mas de maneira totalmente desinteressada. Só Deus pode agir assim. Ainda que todos os atos humanos sejam motivados por razões que nos são exteriores, Deus não tem outro motivo senão o derramar de sua própria bondade, sua própria perfeição. Além disso, evocar a graça do Espírito Santo é enfatizar que seu papel não termina na Criação, mas também acompanha o retorno da criatura ao fim desejado por Deus. Isso equivale a dizer que, no prolongamento imediato da Trindade criadora, Tomás fala também da

Trindade divinizadora. Eis o primeiro esboço daquilo que Tomás desenvolverá mais tarde ao falar dos motivos da Encarnação, seguindo toda a tradição cristã: Deus se fez homem para que o homem se fizesse Deus.

A comparação com o artesão no trabalho criativo sugere outra lição importante: apoiando-se no princípio geral de que o efeito se assemelha à sua causa, Tomás afirma sem hesitar que Deus também deixa sua marca em sua obra. A consequência disso é inédita: ao contrário do artista mundano que, mesmo distante ou voluntariamente deformado, reproduz um modelo que lhe é exterior, Deus só tem Ele mesmo como modelo. Deste modo, se toda a Trindade participa do ato da Criação, é preciso concluir que se encontra necessariamente um traço da Trindade em todas as criaturas, e não apenas no homem. Tomás chama esse traço de «vestígio». Na pessoa humana, esse traço é efetivamente uma «imagem», uma imagem de Deus – como diz a Bíblia. Com isso, podemos compreender um pouco melhor por que se pode dizer, com Tomás, que «o mundo inteiro nada mais é do que uma representação da Sabedoria divina concebida no pensamento do Pai» e que «as criaturas são como as palavras expressas pelo Verbo divino».

Para completar a justificativa do título deste capítulo, também devemos lembrar que o amor de Deus que preside a Criação é uma realidade onipresente, de cada momento. Não podemos raciocinar como se Deus tivesse criado o mundo e depois se desinteressado por ele. Quando se depara com a «suposição impossível», tão frequente nos místicos, de que, «se Deus retirasse por um instante o seu poder das realidades criadas, elas deixariam de existir imediatamente», Tomás fica longe de contradizê-la. Antes, ratifica-a:

> A existência das criaturas depende a tal ponto de Deus que não poderiam subsistir um único instante, e seriam reduzidas ao nada, se, pela operação do poder divino, não fossem conservadas na existência.

Compreende-se bem que isso se relaciona diretamente com a operação do Verbo divino: o Pai nunca cessa de proferir sua Palavra criadora, fonte do ser criado. O mesmo se dá com o Espírito Santo: sempre brotando do seio da Trindade, age a todo momento no nosso mundo. Eis por que Tomás pode assegurar, com a mesma convicção, que não só o Deus-Trindade é a origem absoluta e a conservação constante da Criação, mas também que ama essa Criação com o mesmo amor com que ama a si mesmo:

> Não é apenas o seu Filho que o Pai ama pelo Espírito Santo, mas também a si mesmo e a nós [...]. Do mesmo modo como o Pai se exprime a si mesmo e toda criatura pelo Verbo que Ele gerou, na medida em que o Verbo gerado representa suficientemente o Pai e toda a Criação, assim o Pai ama a si mesmo e toda criatura pelo Espírito Santo, pois o Espírito Santo «procede» como amor da bondade primeira pela qual o Pai ama a si mesmo e toda criatura [...]. A verdade e a bondade divinas formam o princípio do conhecimento e do amor que Deus tem pelas criaturas.

Longe de estar ausente – ou mesmo alheio – à sua Criação, o Deus de Tomás está pessoalmente presente a cada ser de uma forma mais íntima do que aquela pela qual esse próprio ser está presente a si mesmo. Lendo Tomás, lembramo-nos mais uma vez de Agostinho, a quem tanto deve: «Mas tu, Senhor, estavas mais profundamente em mim do que meu mais íntimo, e eras superior do que tudo o que eu tinha de mais elevado». É claro que Tomás não tinha o pendor literário de Agostinho, mas deseja dizer a mesma coisa, expressando a posição ativa de Deus em sua Criação de maneira que basta para provocar a adoração admirativa que resulta do contato com essa presença.

O Caminho, a Verdade e a Vida

Seguindo a lógica de nosso esquema circular, somos convidados a seguir o caminho do retorno a Deus.

A Trindade nos acompanha sempre. Porém, se no ponto de partida está a Pessoa do Pai, é a Pessoa do Filho que agora temos em primeiro plano – e não mais simplesmente (se pudermos assim nos expressar) em sua qualidade de Verbo, causa permanente de nosso ser, mas sob a forma em que o conhecemos no Evangelho: qual o Verbo *encarnado*, Jesus Cristo. Ora, desde a primeira palavra da *Suma*, Tomás apresenta o Cristo como o caminho a seguir em nosso retorno a Deus: «Na sua humanidade, *o Cristo é para nós a via que leva a Deus*». A afirmação é repetida da mesma maneira no início da terceira parte, quando o autor trata mais explicitamente do Cristo: «O Senhor Jesus nos mostra na sua Pessoa *o caminho da Verdade* pela qual podemos alcançar, na ressureição, a bem-aventurança da vida eterna».

Por que a segunda Pessoa da Trindade escolheu se apresentar a nós dessa forma? Tomás conhece e recorda muitas razões convenientemente enunciadas pelos Padres da Igreja a fim de justificar (a nossos olhos humanos) a iniciativa «insensata» que levou Deus, o Verbo, a fazer-se um de nós. Trata-se de algo particularmente expressivo: convinha que Deus se fizesse homem para dar aos homens a possibilidade de ver a Deus.

> A Encarnação traz uma ajuda eficaz e de mais alto nível ao homem que trilha o caminho da bem-aventurança. Na verdade, a bem-aventurança perfeita do homem consiste na visão imediata de Deus. [Devido à imensa distância entre as naturezas, isso pode parecer impossível], e o fato de Deus querer se unir, pessoalmente, à natureza humana em Cristo demonstra com clareza aos homens que é possível estar imediatamente unido a Deus pelo intelecto, vendo-o sem intermediários. Portanto, foi assaz conveniente que Deus assumisse a natureza humana para elevar a esperança do homem na bem-aventurança.

Tomás, é claro, não ignorava o principal argumento dos Padres da Igreja, segundo os quais «Deus se fez homem para que o homem se fizesse Deus». Também ele insiste muito no fato de a Encarnação ser, por assim dizer, uma forma de tomar o homem pela mão (uma *manuductio*) a fim de conduzi-lo pelos caminhos divinos. Este é realmente «o caminho novo e vivo» de que fala a Epístola aos Hebreus:

> [São Paulo] mostra a segurança que temos para nos aproximar, uma vez que Cristo, com seu san-

gue, inaugurou um novo caminho para nós. Trata-se do caminho que conduz ao céu. Ele é novo porque, antes de Cristo, ninguém o havia encontrado: «Ninguém subiu ao céu, a não ser Aquele que desceu do céu» (Jo 3, 13). [...] Ele é vivo, perene, pois manifesta-se ali o quão fecunda é a divindade sempre viva. E que caminho é este? O Apóstolo esclarece-o quando diz: «Através do véu, de sua carne». Da mesma forma como o sumo sacerdote da Antiga Aliança adentrava o Santo dos Santos para além do véu, se queremos adentrar o santuário da glória devemos passar pela carne de Cristo, o véu de sua divindade. «És um Deus escondido!» [Is 45, 15]. De nada vale crer em Deus quando não se acredita na Encarnação.

Como o tema da bem-aventurança, a temática explícita do caminho também perpassa toda a obra de Tomás. E mais: nesse contexto reencontramos o movimento circular, cuja fecundidade descobrimos sempre maior. A repetição não deve ser temida; antes, ela destaca melhor o caráter central da intuição:

> Porque Deus, assumindo a natureza humana, se uniu ao homem, não é mais inexplicável que o intelecto criado possa unir-se a Ele ao vê-lo em sua essência. É assim que, de certa forma, a obra de Deus chega ao fim: quando o homem, criado por último, retorna a seu princípio por uma espécie de círculo, permanecendo unido ao princípio das coisas mediante a obra da Encarnação.

Nas discussões a respeito do plano da *Suma*, Tomás foi criticado por conferir a Deus lugar excessivo às custas de Cristo. Isso, porém, não procede. Tomás não coloca Cristo em lugar desprivilegiado, mas exatamente onde deveria estar: no centro de nossa história, na mediação entre Deus e homem. Ele não é, porém, um ambiente estático, e sim caminho que leva à pátria celeste, o «iniciador e consumador da nossa fé» (Hb 12, 2), que nos conduz em direção ao Pai com a força irresistível que anima a sua própria humanidade. Num desses atalhos que descobre, Tomás une esse novo papel assumido por Cristo – a Encarnação – com aquele exercido eternamente na Trindade, como Verbo:

> O princípio primeiro de todas as coisas é o Filho de Deus: «Por Ele todas as coisas foram feitas» (Jo 1, 3). *Por isso é também o Modelo que todas as criaturas imitam, como a verdadeira e perfeita Imagem do Pai.* Daí a expressão da Epístola aos Colossenses (1, 15): «Ele é a imagem do Deus invisível, o Primogênito de toda criatura, porque nEle foram criadas todas as coisas». De modo especial, Ele é também o modelo e a realização exemplar de todas as graças espirituais que fazem brilhar as criaturas espirituais, segundo o que é dito ao Filho no Salmo (110, 3): «Do seio da aurora de hoje, eu te gerei no esplendor dos santos». Visto que foi gerado antes de toda a Criação pela graça resplandecente, tem nele, de forma exemplar, o esplendor dos santos. *Mas esse modelo divino estava muito longe de nós* [...]. *Por isso ele deveria fazer-se homem para que pudesse oferecer, aos homens, um modelo humano.*

Tomás via no Cristo a realização exemplar de todas as virtudes porque Cristo é o Verbo encarnado que, na sua eternidade, já preside a criação de todas as coisas. Essa última passagem abre ainda um duplo caminho para nossa reflexão. Poderíamos insistir na obra de Deus que opera em nós: desde o Batismo e pelos sacramentos, somos interiormente modelados, reformados à imagem do Filho bem-amado, por meio da graça de que Ele mesmo é o mediador. Embora nos levasse muito longe seguir esse caminho, jamais se pode esquecer que é unicamente sobre esta base, e na certeza de que nos tornamos uma nova criatura, que passa a ser possível imitar o Cristo e seguir seus passos – e isto consiste, primeiro, em ouvi-lo para receber sua mensagem e contemplar tudo o que Ele fez: «Pela maneira como viveu, o Senhor deu o exemplo da perfeição em tudo o que diz respeito à salvação de todos». Tratamos, no capítulo anterior, das virtudes que Jesus nos ensinou, em todas as áreas, com o seu exemplo. Não podemos mais esquecer, porém, que este exemplo culmina na Paixão e na Cruz.

Não há como voltar atrás; é preciso ler aqui mais uma página em que Tomás descreve outra face da infinita riqueza oferecida pelo exemplo de Cristo:

> O Cristo já ensinara, aos seus, muitas coisas sobre o Pai e o Filho, mas eles ainda não sabiam que era para o Pai que Cristo ia e que o Filho constituía o caminho que deveriam tomar. Era realmente difícil para eles chegar ao Pai. E não é de se admirar que não o soubessem. Pois, se, por um lado, conheciam bem o Cristo em sua humanidade, por outro só conheciam sua santidade de forma imperfeita [...].
>
> «Sou o Caminho, a Verdade e a Vida», responde Jesus. De uma só vez, revela a estrada e também seu

termo. [...] A estrada, como vimos, é Cristo. Com efeito, é por Ele que temos acesso ao Pai [...]. Esse caminho não está longe de seu fim, mas o toca; é por isso que Cristo acrescenta: Verdade e Vida. Ele é ao mesmo tempo uma e outra: a estrada, segundo a sua humanidade; o fim, segundo a sua divindade [...].

O fim dessa estrada é o fim de todo desejo humano. O homem deseja, de fato, duas coisas acima de tudo: uma que lhe é própria, que é conhecer a verdade; e outra que compartilha com tudo o que é: permanecer no ser. Ora, o Cristo é a via que leva à verdade porque Ele é a Verdade [...]; é também a via que leva à vida, pois ele mesmo é a Vida [...]. Assim, Cristo designou-se como via e como fim; é o fim porque Ele mesmo é tudo o que pode ser objeto de desejo: a Verdade e a Vida.

Portanto, se procuras o caminho, passa por Cristo: Ele é o Caminho. Como profetizou Isaías (30, 21): «Este é o caminho: segui-o». Como disse Santo Agostinho: «Passa pelo homem a fim de chegares a Deus»; e: «Melhor capengar na estrada que dar passos firmes para o lado». Mesmo sem se mover rapidamente, quem persevera no bom caminho se aproxima de seu objetivo; quem anda para fora da estrada, quanto mais rápido, mais se distancia.

Se procuras para onde ir, apega-te a Cristo: Ele é a Verdade que desejamos alcançar [...]. Se procuras lugar em que repousares, apega-te a Cristo, pois é a Vida [...]. Portanto, apega-te a Cristo se quiseres permanecer seguro; dele não te poderás desviar, pois Ele é o Caminho. Quem se apega a Cristo não anda no deserto, mas em via bem traçada [...]. Também não podes ser enganado, pois Ele é a Verdade e nos ensina toda a verdade [...]. Também não te verás arruinado, pois é a vida e dá a vida [...]. Como repete Santo Agostinho, quando o Senhor diz: «Eu sou o Caminho, a Verdade e a Vida», é como se dissesse: «Para onde queres ir? Sou o Caminho. O que queres saber? Sou a Verdade. Onde queres ficar? Sou a Vida».

Amado pelo Amor com que Deus se ama

No caminho que percorremos quando seguimos Cristo, vemo-nos acompanhados, assim como Ele, pelo Espírito Santo, a terceira Pessoa da Trindade. Para Cristo, trata-se de algo natural; para nós, de uma verdade. Embora se tenha a impressão de que vem em terceiro lugar, a Pessoa do Espírito Santo não é menos importante do que as duas primeiras. Ele está em incessante cooperação com as duas outras Pessoas da Trindade. Está presente tanto na Criação do mundo como na sua permanência, assim como na obra do governo divino. Se já está lá por razões puramente naturais, está igualmente, e ainda com mais razão, quando se trata da obra da graça. Segundo uma afetuosa expressão de São Tomás (empregada 150 vezes no conjunto de sua obra), «a graça do Espírito Santo» está no centro da Nova Lei trazida por Cristo:

> O que há de mais importante na Nova Lei, no que reside toda a sua força, é a graça do Espírito Santo dada pela fé em Cristo. A Nova Lei, portanto, consiste principalmente na própria graça do Espírito Santo concedida aos fiéis do Cristo.

Ainda que não venha mencionado, quando se trata de uma ou outra Pessoa divina, o Espírito está estruturalmente presente em todos os lugares – e sempre:

> Unidos pelo Espírito Santo, temos acesso ao Pai pelo Cristo, uma vez que o Cristo opera pelo Espírito Santo. E é por isso que tudo o que é realizado pelo Espírito Santo também é realizado por Cristo.

Não é demais recordar que o Cristo e o Espírito cooperam intimamente para a obra do Pai, uma vez que as três Pessoas atuam juntas. Assim, por exemplo, se nossa adoção filial é obra comum da Trindade, cada Pessoa traz a ela seu próprio toque especial, como na Criação:

> Embora a adoção seja comum a toda a Trindade, ela é apropriada ao Pai como seu autor, ao Filho como seu modelo e ao Espírito Santo como Aquele que imprime em nós a semelhança desse modelo.

Tomás é inesgotável quando trata do Espírito Santo. Como nos é impossível mencionar tudo, concentrar-nos-emos em dois papéis que lhe são atribuídos no Evangelho. O primeiro é ser o Espírito da Verdade. Quando se ocupa de esclarecer ainda mais o papel do Espírito Santo a nosso respeito, Tomás estabelece um paralelo com o de Cristo, especificando, em primeiro lugar, a complementariedade da missão de que são incumbidos. Isso se aplica particularmente quando trata da doutrina evangélica. O Espírito não apenas completa e recorda a mensagem anunciada por Jesus, como nos dá a compreensão dela. Sem ele, esse ensinamento permaneceria hermético, absolutamente incompreensível e, portanto, inútil:

> Do mesmo modo como o envio do Filho teve o efeito de conduzir ao Pai, assim também a missão do Espírito Santo é conduzir os fiéis ao Filho [...]. O Filho, como Verbo, nos traz a doutrina; o Espírito Santo nos capacita a recebê-la. Por conseguinte, quando Jesus diz: «Ele vos ensinará todas as coisas», refere-se a isto. Tudo o que uma pessoa aprende fora, se o Espírito Santo, de dentro, não lhe dá inteligência, é tão somente esforço inútil: «Se o Espírito não habita o coração do espectador, em vão o doutor discursa». De tal modo isso ocorre que mesmo o Filho, falando pelo órgão de sua humanidade, é impotente sem o Espírito Santo que opera em seu interior.
>
> Quem não é ensinado pelo Espírito Santo nada aprende; o que equivale a dizer: quem recebe o Espírito Santo do Pai e do Filho reconhece o Pai e o Filho e vem a ele. O Espírito nos permite saber todas as coisas, inspirando-nos e dirigindo-nos interiormente, bem como nos elevando às coisas espirituais.

Nota-se que essa necessidade da presença do Espírito da Verdade não a torna indispensável apenas ao pequeno círculo de apóstolos que se preocupa com essas coisas, mas a todos os que, depois deles, querem seguir Cristo para ouvir – nos diferentes sentidos do termo – e fazer ouvir a Palavra de Deus. A fim de esclarecê-lo, numa confidência feita a seu amigo, Tomás recorre a uma experiência íntima conduzida pelo Espírito Santo e a compara à revelação que Deus faz de si mesmo:

> Eis por que o Senhor pôde dizer a seus discípulos [Jo 15, 15]: «Já vos não chamo servos, mas amigos, porque tudo o que ouvi de meu Pai vos dei a conhecer». Uma vez que é o Espírito Santo que nos faz amigos de Deus, é a Ele, portanto, que se deve atribuir a revelação dos mistérios divinos aos homens. «O que os olhos não viram, os ouvidos não ouviram e o coração do homem não percebeu, tudo o que Deus preparou para os que amam, Deus no-lo revelou pelo Espírito Santo» (1 Cor 2, 9-10). E, uma vez que é a partir do que conhece que o homem pode falar, convém atribuir ao Espírito Santo [o fato de] o homem poder falar dos mistérios divinos [...]. Como diz o Credo a propósito do Espírito Santo: «Ele falou pelos profetas».

Desdobrando gradativamente todas as conveniências da amizade que Deus mantém conosco por meio do Espírito Santo, Tomás nos faz passar da revelação da intimidade divina à sua divulgação mais abrangente. Com efeito, não se trata apenas daquela inspiração profética que revela todo o anúncio autêntico da Palavra de Deus, mas também da verdade em suas diversas formas e graus – desde o discurso público da Igreja até uma conversa amigável.

O segundo papel que também se deve destacar a respeito do Espírito Santo é sua função como Espírito de amor. Uma vez que são elementos muito unidos, fica difícil ver um sem o outro. Todos os dons de Deus nos são dados pelo Espírito Santo, diz Tomás, que imediatamente recorda que o próprio Espírito Santo é dom de Deus, ou seja: quando falamos dele como o Espírito de amor, falamos do Espírito que se dá a si mesmo. Fiel à sua maneira de explicar as coisas mais profundas mediante comparações simples, Tomás recorre à nossa própria experiência do dom:

> O primeiro dom que entregamos à pessoa que amamos é o próprio amor que nos faz querê-la bem. *Portanto, esse amor constitui o dom primeiro em virtude do qual são dados todos os outros dons.* Visto, pois, que vem de Deus como Amor, o Espírito Santo vem em sua qualidade de Dom primeiro.

Essas poucas linhas revelam tanto a profundidade de um de nossos gestos mais conhecidos quanto o papel do Espírito Santo no seio da intimidade trinitária e o que isso implica para nós. Não fomos nós que amamos a Deus, mas Ele que nos amou primeiro. Dado que nada exterior pode motivar Deus a criar o mundo ou se interessar por ele, é preciso que essa motivação se encontre no interior do próprio Deus: somente o Amor, que é a Pessoa do Espírito Santo, ali onde o Pai ama o Filho e o Filho ama o Pai, pode, portanto, proporcionar esta «saída» de Deus de si mesmo. Tomás é formal: «O Espírito Santo, que é o Amor pelo qual o Pai ama o Filho, é também o Amor pelo qual Ele ama a criatura e lhe dá parte de sua perfeição». Somos amados pelo mesmo Amor com que Deus se ama.

Seria preciso discorrer longamente sobre essa estonteante conclusão, mas que ao menos determinemos suas dimensões reais. É claro que ela diz respeito a nós pessoalmente, mas o Amor de Deus é grande demais para se limitar a nossos serezinhos. O Espírito Santo é dado também ao conjunto de fiéis que se unem a

Jesus. Mas como? Tomás compara o Espírito Santo ao «coração» que irriga o corpo inteiro, ou ainda à «alma» que reúne todos os membros em unidade. Pela caridade, amor do qual Ele é a fonte e que Ele distribui a todos pessoalmente e no conjunto do corpo, o Espírito Santo realiza a mesma obra de amor que já realiza eternamente no seio da Trindade. A comunhão eclesial é uma imagem em formação da comunhão trinitária. A esse reflexo cheio de promessas chamamos «Comunhão dos Santos». Comentando essa expressão em sua *Exposição sobre o Credo*, Tomás explica: «Quem vive na caridade participa de todo o bem que se faz no mundo inteiro». Às vezes, ele detalha a frase que costuma usar com frequência:

> [A eficácia da oração pressupõe, é claro, que queremos rezar pelos outros, mas o que vem em primeiro lugar] *é a união na caridade, uma vez que todos os que vivem na caridade formam um só corpo*. Desse modo, o bem de um se reflete em todos, da mesma maneira como a mão ou qualquer outro membro está a serviço do corpo inteiro. É assim que todo o bem realizado por um vale para todos os que vivem na caridade.

A fim de dar a conhecer a maneira como a caridade efetua essa misteriosa comunhão que nos torna interdependentes uns dos outros, Charles Journet utilizava uma comparação notável: dar olhos a quem não os tem seria dar-lhes uma perfeição *finita*: órgãos tais que são os olhos da *carne*. Porém, ao mesmo tempo isso introduziria nele, *espiritualmente*, todo o infinito do horizonte. Dar-lhe a capacidade de ver seria oferecer-lhe a possibilidade de se apropriar de certa forma de imensidão do mundo exterior, o que, por sua vez, permitir-lhe-ia uma maneira nova de comunhão.

A caridade também tem essas duas faces. Porque é um dom criado, um efeito produzido em mim pelo Espírito Santo, ela aperfeiçoa meu ser espiritual e fica estritamente limitada à minha pessoa. Nesse sentido, não pode explicar a comunhão mútua que buscamos compreender. Se, porém, considerarmos que essa caridade *finita* me permite entrar em comunicação com a caridade *infinita* que é o Espírito Santo, e se considerarmos, ademais, que Ele habita em mim (de modo que Ele se doa simultaneamente ao seu dom), então tudo muda. Afinal, a caridade em sua fonte me coloca em comunicação com o mundo de todas as outras Pessoas em que ela está presente, pois ela não é outra coisa senão o Amor incriado que, uno e idêntico, preenche toda a Igreja e cria sua unidade. Presente em todo o Corpo eclesial e em cada um de seus membros, o Espírito promove a habitação recíproca de todos os que estão na graça. Se o Espírito de amor habita em mim e eu habito no Espírito, por isso mesmo todos em quem o Espírito habita e que habitam no Espírito também habitam em mim e eu neles. Eis o quão longe devemos chegar para compreender o mistério da Comunhão dos Santos. Minha caridade não termina só no meu irmão: ela é dele, e a dele, minha. E elas comunicam reciprocamente os recursos e a fecundidade que obtêm do Espírito, de modo que a caridade dos mais fracos é elevada pela dos mais fortes e ambas são acolhidas na caridade infalível de toda a Igreja, pois este é o Amor incriado, indivisível e onipresente que temos em comum.

Segundo uma antiquíssima fórmula que remonta à Antiguidade grega, «entre amigos tudo é comum». Eurípides já o dizia muito antes de Platão, Aristóteles e os cristãos, que não fizeram nada além de seguir o exemplo. Ao definir a caridade como uma amizade entre Deus e nós, bem como entre todos aqueles que são amigos dEle, Tomás dá a essa vetusta aspiração sua realização suprema.

XIII
O que há de mais nobre no mundo

Se pudermos nos inspirar no modo como São Tomás fez a transição entre a primeira e a segunda partes da *Suma teológica*, não teremos dúvidas quanto à forma de relacionar este novo capítulo com o anterior. Recordemos este excerto:

> O homem foi feito à imagem de Deus, [...] um ser dotado de inteligência, livre-arbítrio e controle das próprias ações. Por isso, depois de haver tratado do Exemplar, isto é, de Deus e de tudo o que produziu o poder divino segundo a sua vontade, resta-nos estudar a sua imagem, isto é, o homem, como princípio que é também de suas próprias ações, uma vez que tem livre-arbítrio e controle de seus atos.

Após ter «balbuciado» (a expressão é de Tomás) por algumas páginas a respeito do mistério de Deus, devemos agora dizer algo sobre o mistério do homem. Trata-

-se, certamente, de algo mais acessível, mas que também exigiria um livro volumoso – e neste momento restam-nos apenas algumas páginas. De todo modo, há alguns aspectos importantes demais para não serem destacados.

Em primeiro lugar, o que queremos dizer quando falamos do homem como imagem de Deus? Referimo-nos, de uma só vez, a um dom, uma graça e também uma promessa, uma tarefa a realizar. Portanto, é necessário questionar o mundo real em que o ser humano, imagem em formação, trabalha para o sucesso dessa vocação. Além dessas generalidades, tentaremos identificar como esse ser humano se torna, pouco a pouco, um ser cristão – outra maneira de tratar uma imagem cada vez mais semelhante a seu modelo divino. Por fim, será preciso discorrer sobre como essa imagem singular só se torna ela mesma em relação a uma multidão de outras imagens também singulares, uma vez que o desígnio divino consiste, de fato, em reunir, na unidade de sua comunhão, os filhos que o pecado dispersou para longe dEle.

A imagem da Imagem

Aqui, Tomás também põe a Sagrada Escritura como fonte maior do teólogo. No início da Bíblia, ele leu: «Façamos o homem à nossa imagem e semelhança», e é preciso registrar rigorosamente a força prescritiva desse ensinamento. Não se trata de uma simples maneira de falar, pois dizer que o ser humano foi criado à imagem de Deus é afirmar a razão – a causa final, como dizem os filósofos – da produção do homem. Deus fez o homem *para* isso, *para* que seja a sua imagem. Tomás via tanto a obra quanto a ação de Deus e seu objetivo: Deus, no ato da criação do homem, é movido pela intenção de comunicar-lhe sua semelhança.

Tomás sente-se ainda mais à vontade para se conformar a esse ensinamento bíblico pois ele está de acordo com seu próprio pensamento. Quando fala da criação do mundo por Deus, comparando-o à criação de um artista humano, ele enfatiza uma limitação importante: enquanto o artista só pode reproduzir modelos criados ou imaginados, Deus não tem outro modelo a não ser Ele mesmo. O que Ele cria tem sua marca, uma marca divina que de alguma maneira assemelha-se a Ele. Quando trata dos traços da ação divina que não faltam em criatura nenhuma, Tomás fala simplesmente em «vestígios»; quando, porém, refere-se ao ser humano, fala mesmo em «imagem de Deus».

O que ele entende por esta expressão? Uma primeira resposta se encontra na passagem reproduzida no início deste capítulo. Tendo já o essencial, Tomás deseja ir mais longe em seu trabalho de inteligência da fé. Se lhe perguntamos por que se fala em imagem de Deus a propósito do homem, quando esta é antes uma prerrogativa do Filho, isto é, da segunda Pessoa da Trindade, ele responde com uma distinção:

> A imagem de um se encontra em outro de duas maneiras: seja no ser de mesma natureza, como a imagem do rei se encontra em seu filho; seja no ser de natureza diferente, como a imagem do rei se encontra no dinheiro. Ora, é segundo a primeira forma que o Filho é imagem do Pai, e apenas de acordo com a segunda que o homem é imagem de Deus. As-

sim, para significar essa imperfeição da imagem humana, não se diz que ele é a imagem, mas *à imagem* de Deus, o que evoca os esforços de uma tendência à perfeição. Do Filho de Deus, ao contrário, não se diz que seja «à imagem», pois Ele é a imagem perfeita de Deus.

Essa nuance é particularmente esclarecedora. A ideia de uma realidade que não está em seu estado acabado, mas é chamada a progredir, corresponde à concepção tomasiana da natureza que comporta, sim, um dado básico estável, mas é germinalmente rica de certa realização futura. O homem só é plenamente ele mesmo em seu estado acabado. Portanto, a imagem de Deus que se encontra no homem não será ela mesma até alcançar o estágio perfeito de sua natureza espiritual. Não basta dizer que o homem não se parece com Deus em sua condição corporal (isso indicaria uma ideia muito pobre de Deus): é preciso acrescentar que não se trata de uma realidade estática, e sim de uma realidade dinâmica que se situa no nível superior da atividade do conhecimento e do amor. Se o homem é imagem propriamente dita da Trindade, é porque goza de inteligência e vontade, e por isso podemos encontrar nele, como também em Deus, o equivalente a um objeto pensado (Tomás diz um «verbo») e conhecido pela inteligência, bem como um amor que se dirige ao objeto amado e que aumenta em nobreza de acordo com a qualidade do objeto pensado e amado. Para sugerir essa característica evolutiva da imagem, Tomás estabelece uma gradação de conformidade que abre caminho para o crescimento infinito:

A imagem de Deus no homem poderá ser considerada em três graus. Primeiro, naquele em que o *homem possui uma aptidão natural para conhecer e amar a Deus*, aptidão que reside na natureza mesma da alma espiritual e é uma imagem comum a todos os seres humanos. Segundo, naquele em que *o homem de fato conhece e ama a Deus*, ainda que de maneira imperfeita; trata-se, então, da imagem por conformidade à graça. Terceiro, naquele em que *o homem conhece e ama atualmente e perfeitamente a Deus*. Esta é a imagem que resulta da semelhança pela glória. Por isso, quanto à expressão do Salmo (4, 7): «A luz da tua face seja impressa sobre nós, Senhor!», a *glosa* distingue três tipos de imagens: de criação, de recriação e de semelhança. A primeira encontra-se em todos os seres humanos; a segunda, somente nos justos; e a terceira, nos bem-aventurados.

É claro que esses «três aspectos da imagem estão intimamente ligados como se fossem três momentos de um mesmo itinerário espiritual» (A. Solignac). Tomás sempre propôs graus ao pensar a imagem: um partindo do outro e alcançando um grau superior. Isso mostra bem que é nesse dinamismo da imagem que está seu principal interesse teológico: «Há duas maneiras de conformar-se à imagem de Cristo: uma na vida da graça e outra na vida da glória; a primeira é uma via para a segunda, pois sem a vida da graça não se pode alcançar a vida da glória».

Muito ainda se poderia dizer sobre o homem como imagem de Deus; no entanto, para sermos fiéis à intuição central do frei Tomás, mostremos ao menos isto: que, se a doutrina da imagem tem certa importância para nós, é porque nos permite compreender como se realiza na criatura, em cada ser humano, a articulação entre «saída» e «retorno» no esquema circular que nos serve como fio condutor. Se a primeira, a imagem de criação, é ao mesmo tempo o fim da «saída» de Deus e o ponto de partida do movimento, a segunda, a imagem da recriação pela graça, é o começo do «retorno» a Deus, inaugurando o movimento que terminará na pátria celeste com a terceira, que é a imagem da glória, enfim perfeitamente semelhante.

A criação inteira – e de modo especial as pessoas que tomam parte consciente na caminhada – encontra-se envolvida e arrastada para o movimento das relações trinitárias. Como notamos no ícone da Trindade de Andrei Rublev (sob a forma de um retângulo abaixo do altar, que simboliza o universo criado), a Criação não está fora, mas no coração da comunhão trinitária. A genialidade do pintor se junta à intuição do teólogo e torna visível qualquer coisa desse «movimento» (essa *circulatio*, diz Tomás) que parte do Pai para o Filho e retorna para Ele por e no Espírito, atraindo o universo em seu amor.

A graça não destrói a natureza

O percurso da imagem de Deus termina na eternidade. Aqui embaixo, ela está ainda no meio do processo. Tomás não esquece isso e propõe uma visão mais completa da situação do ser humano neste mundo. É justamente essa uma de suas principais contribuições ao pensamento cristão, e ela vem ensinando os teólogos a distinguir o que pertence à ordem estrutural da natureza das coisas e o que diz respeito à gratuidade do dom divino. Antes de tudo o que se poderia dizer sobre o plano sobrenatural, há os dados basilares da natureza que não devem ser esquecidos, pois condicionam a maneira pela qual o próprio dom da graça pode ser recebido e vivido. Segundo um velho adágio escolástico, cuja intensa repetição não conseguiu transformá-lo em banalidade, «a graça não destrói a natureza, mas a aperfeiçoa». É uma opção realmente fundamental. Tomás não concebe, em lugar nenhum, o homem ou o mundo de maneira idealista, como se o homem tivesse apenas a vida do espírito e o mundo não passasse de uma matéria sem qualquer relação com o ser humano. Antes, ele os percebe sempre em suas relações, como Deus os fez: com uma natureza que o pecado não pode destruir e que a graça pode reaver, sem porém aboli-la.

Totalmente contrário à visão espiritualista e extremamente pessimista que enxerga o homem e o mundo apenas como dois elementos devastados pelo pecado, Tomás professa um otimismo profundo, afirmando resolutamente:

> *Ainda que os homens sejam maus, jamais são totalmente privados dos dons de Deus*, e não são os dons de Deus que devem ser reprovados neles, mas tudo aquilo que vem de suas malícias.

Jamais leremos em Tomás que as coisas terrestres são más em si mesmas, mas precisamente o contrário:

> *Por si sós, as criaturas não afastam ninguém de Deus, mas antes conduzem a Ele* [...]. Todavia, se chegam a afastar de Deus, é por culpa dos que as empregam

de maneira insensata. Daí as palavras do Livro da Sabedoria (14, 11): «As criaturas são armadilhas para os pés dos insensatos». O próprio fato de poderem afastar de Deus provam que são de Deus, uma vez que só podem atrair os homens em razão do bem que possuem, um bem que lhes é conferido por Ele.

Tomás sabia bem que há pessoas que podem «renunciar ao mundo» por vocação pessoal. Por isso, toma cuidado para não fazer disso um padrão aplicável a todos:

> O homem é colocado entre as realidades deste mundo, onde desenvolve sua vida, e os bens espirituais, onde se encontra a bem-aventurança eterna. De tal modo dá-se isso que, quanto mais se apega a um, mais se afasta do outro, reciprocamente. Ou seja, *apegar-se totalmente às realidades terrestres, a ponto de fazê-las o objetivo principal da existência, a razão e regra dos atos, aparta-o de todos os bens espirituais.* Os mandamentos de Deus impedem esta desordem. Todavia, é *possível alcançar a bem-aventurança eterna fazendo uso dos bens terrestres, desde que não se coloque neles o objetivo da existência.* Quem renuncia de todo aos bens deste mundo alcançará com mais facilidade a bem-aventurança. É em vista disso que se dão os conselhos evangélicos.

Podemos ver esse texto como um preceito que se aplica à situação da imagem de Deus no caminho da bem-aventurança. O ser humano deve agir de tal maneira que deverá sempre buscar este fim último enquanto se dedica a outras tarefas. Como pano de fundo, há o conceito tomasiano de Criação, que é ao mesmo tempo a de um teólogo que tem fé e a de um filósofo que professa a autonomia e o valor da realidade criada. Desejado por Deus a fim de manifestar e comunicar a bondade divina, é claro, mas também como algo feito para si mesmo, de maneira que tenha consistência e leis próprias, o mundo criado não é um teatro em que os cristãos seriam apenas figurantes, mas o lugar em que a vontade salvífica de Deus é retomada a fim de concretizar Sua vontade criadora com a cooperação real do homem, numa história singular de salvação cujo caráter salvífico não anula a realidade profana.

O que decorre deste valor intrínseco do universo criado é que o agir humano pode ter objetivos precisos que, mesmo não sendo o fim último, constituem fins intermediários que valem a pena serem buscados por si sós. A fim de enumerá-los segundo a ordem das grandes inclinações naturais de cada pessoa humana, segue uma lista que poderia até ser mais longa: fazer o bem onde quer que se possa reconhecê-lo, começar uma família, criar filhos, buscar a verdade, transformar o conhecimento pelo ensino, aumentá-lo pela pesquisa, lutar por uma melhor partilha dos bens da terra, servir a seu país pelo compromisso político ou pela humanidade, através da manutenção da paz entre as nações, jamais esquecer o bem da amizade no nível das relações interpessoais, etc. Todos esses objetivos representam bens genuínos que merecem ser buscados e exercidos. Longe de se desviarem do fim último, orientam-se para ele e nos permitem servi-lo melhor.

O cristão que se empenha nessas tarefas leva adiante a missão de humanizar a terra que o Criador confiou ao homem, de acordo com o Livro da Sabedoria (9,

2-3): «Tudo criaste com tua palavra, e com tua Sabedoria formaste o homem para dominar as criaturas que fizeste, governar o mundo com justiça e santidade e exercer o julgamento com retidão». Os cristãos não têm razão nenhuma para se esquivar dessas tarefas, ou mesmo de fazê-las com desinteresse ou relutância. Caso se trate de uma tarefa pública, o fato de se dedicarem ao trabalho de melhorar a sociedade confere ao seu compromisso uma qualidade que só alguém de fé pode lhe dar: a imitação da generosidade divina, que é ainda mais eficaz quando totalmente desinteressada.

A alegria de agir bem

Nesse mundo onde se desdobra seu destino espiritual, o ser humano representa um caso singular: não é somente um espírito, uma inteligência, mas também um animal. Ele vive esse destino espiritual em condição corporal. Ainda que a imagem de Deus se encontre em sua alma, o homem «não é nem seu corpo, nem sua alma», mas o composto que resulta da união dos dois. A alma é sem dúvida a parte mais nobre, em razão de sua natureza espiritual criada por Deus; contudo, não é uma substância completa existente por si. Tomás o expressa de maneira muito clara: «Nem a definição nem o nome de pessoa lhe convém». Alhures, recorre a esta notável frase: «A alma não é todo o homem; minha alma não sou eu». O homem é a pessoa humana, e diante disso Tomás não esconde sua admiração: «A pessoa constitui o que há de mais perfeito em toda a natureza...». De fato, a Revelação confirma essa dignidade, pois um dos motivos da Encarnação do Verbo era justamente revelar-nos esta grandeza: «Se Deus se fez homem, foi para nos instruir sobre a dignidade da natureza humana».

É fácil entender a importância desta opção. Diante de toda concepção «espiritualista» do ser humano, cujo risco está em considerar o corpo algo desprezível, o realismo sólido de Tomás o faz afirmar, de modo muito sereno, que o homem é um ser corporal e que sem o corpo não há homem. Todavia, disso resulta uma terrível dificuldade. Sendo o homem o que é, com suas fraquezas e paixões, ele está longe de contribuir para a harmonia na vida do futuro ser cristão. Cada um de nós vive esta experiência todos os dias: o corpo e suas inclinações nos conduzem por um caminho de conforto, e não por outro que possa nos levar a algo melhor. Eis por que alguns filósofos, que enxergavam somente essas tendências desordenadas, falavam das paixões como «doenças da alma». Tomás se recusa a seguir esse caminho e dá outra definição às «paixões»; ao mesmo tempo, propõe uma solução que harmoniza melhor com sua ideia de ser humano:

> Se denominamos paixão, em absoluto, todos os movimentos do apetite sensitivo, então a perfeição do bem humano implica que as paixões sejam moderadas pela razão.

Para ele, isso consistia numa razão esclarecida pela Palavra de Deus, informada pela lei divina, fortificada pela graça e utilizando todos os recursos virtuosos de que dispõe. Assim entendida, a razão revigora o desígnio divino a respeito do homem. A obediência do apetite sensitivo regrado pela razão é bem diferente da submissão a um ideal restritivo de mediocridade que poderia sugerir a mesquinhez do espírito humano deixado à própria sorte. Trata-se, de fato, da abertura do homem-imagem à semelhança postulada por seu Modelo divino. Deste modo, podemos já compreender melhor a convicção de Tomás de que a «perfeição do bem humano» passa não pela repressão ou pelo desprezo das paixões, mas por sua regeneração e integração ao nível do espírito: «Uma vez que a sensibilidade pode obedecer à razão, pertence à perfeição do bem moral ou humano que também as mesmas paixões da alma sejam reguladas pela razão».

Eis o pleno reconhecimento de que o ser humano não é só alma, mas também corpo – e, portanto, também sensibilidade. Graças à unidade da forma substancial do composto humano, os movimentos da sensibilidade não ficam alheios à vida estritamente humana do sujeito. Esses movimentos podem vir a se tornar bons ou maus, na medida em que estão ou não submissos às faculdades superiores, isto é, à inteligência e à vontade. Não são, pois, coisas insignificantes, pois é com sua totalidade que o ser humano parte em direção a Deus. Criatura de Deus, o homem deve ser evangelicamente revigorado até nesta parte de si mesmo, a fim de que um dia possa chegar à semelhança divina a que foi chamado.

É aqui que encontramos uma das peças mais originais da teologia do frei Tomás: sua doutrina das virtudes. Devemos compreendê-a bem: a virtude não é uma camisa de força imposta à natureza no intuito de discipliná-la por meio de ordens e preceitos diante dos quais ela só poderia repugnar-se, e sim um aperfeiçoamento suplementar que está de acordo com sua verdadeira realização, pois, em razão de ter sido criada por Deus, a natureza já está fundamentalmente orientada para o bem. Esforçando-se por revigorar sua ação no domínio instintivo das paixões, cujos impulsos divergentes correm o risco de destruí-lo, o homem retoma, assim, a obra de Deus em si mesmo para levar a termo a humanização de seu ser da maneira mais perfeita possível, mediante o exercício da sua liberdade. A natureza humana só é plenamente ela mesma nesse estado de cultura que se obtém por aprendizado: o aprendizado das virtudes.

A virtude é uma forma de agir em vista do bem e de praticar boas obras habitualmente, de tal forma que a pessoa que as executa não faz apenas o bem, mas aperfeiçoa a si mesma, tornando-se boa. Se na maioria das vezes nossos atos visam ao «fazer» (ao «fabricar») algo, a virtude consiste em «agir» (viver) bem. Essa distinção entre fazer o bem e agir bem é essencial para diferenciar uma habilidade de uma virtude. Traz, afinal, para o debate a ideia do aperfeiçoamento moral. Podemos dizer que a virtude é necessária ao ser humano não apenas para que ele se torne bom, mas para que siga vivendo bem. Não basta conhecer o bem pela inteligência: é preciso realizá-lo. A virtude depende da vontade. É aqui que encontramos as paixões, pois, na mesma medida em que a sensibilidade pode ou não obedecer, estará suscetível a ser sujeito de virtudes. A temperança, por exemplo, tem a tarefa de disciplinar nossa profunda tendência ao que nos atrai, ensinando-nos a resistir a tudo quanto nos desviaria do bem pela prática do prazer fácil. A fortaleza, ao contrário, tem a tarefa de fortalecer nossa coragem e ajudá-la quando diante dos obstáculos que nos podem desviar do bem por meio do medo ou da covardia. Em ambos os casos, a virtude fortalece a pessoa em seu compromisso com o bem, ao passo que ceder à inclinação natural de suas paixões a conduziria à desintegração.

Desta forma, começamos a ver como a virtude torna bom quem a pratica. Contribuir para a prevenção do colapso do ser moral e unificá-lo profundamente até em suas potências sensíveis já representa um ganho. Além disso, é preciso mencionar um benefício que muitas vezes é esquecido: se uma ação reprimida causa tristeza, por ser o resultado de uma violência exteriormente imposta, o ato virtuoso é fonte de alegria. Essa é a consequência direta da facilidade com a qual a virtude é praticada; longe de diminuir o valor do ato, o prazer com que é realizado, pelo contrário, aumenta a facilidade e o mérito:

> Quanto mais o sujeito opera com prazer, dada a sua virtude, mais seu ato será deleitável e meritório.

Tomás diz ainda, em outro momento:

> As ações realizadas de forma virtuosa são naturalmente deleitáveis. O deleite que se tira delas pertence necessariamente à virtude e é parte de sua definição. Não se é bom ou virtuoso quando não se encontra alegria ao fazer o bem.

Obviamente, estamos muito longe do piedoso *slogan*, tão comum em outros tempos, segundo o qual só o que tem valor é digno de louvor. Isso não quer dizer que se deve agir necessariamente por prazer, e não por dever; por outro lado, é certo que, se agirmos com muito amor, encontraremos nisso a alegria.

Podemos ainda acrescentar algo que também está longe de ser secundário: há um uso «inteligente» da virtude que exclui toda estreiteza. A virtude não elimina a tristeza apenas, mas também a mesquinharia. Entre os aspectos da virtude da fortaleza, há o que chamamos de magnanimidade: a grandeza da alma. A consciência da própria pequenez diante de Deus não elimina a consciência da própria grandeza. Será preciso enfatizá-lo? Esse exercício harmonioso da virtude só pode ser adquirido mediante uma aprendizagem prolongada. Do enraizamento carnal de nosso ponto de partida ao momento em que a imagem que está em nós se torna semelhante a seu modelo divino, o caminho passa por uma longa conquista: a da espontaneidade de nossas ações virtuosas.

Para nos mantermos na linha da valorização da atitude que Deus espera do homem, deixemos voluntariamente de lado toda a parte da doutrina das virtudes – a parte própria de Deus, por assim dizer – que chamamos *virtudes teologais*. Trata-se daquelas que Deus concede gratuitamente com sua graça, pois têm Ele como objeto e estão para além de nossas capacidades naturais: a fé, a esperança e a caridade. Elas não estão apenas relacionadas com o organismo humano das virtudes, mas também o coroam e dão, a todas as virtudes, um reforço que a razão do homem é incapaz de imaginar.

O que esperar da vida sem amigos?

A esta pergunta, que encontrou na leitura de Aristóteles, Tomás responde com a mesma convicção que o Estagirita: em qualquer situação ou em qualquer idade, «a amizade é o que há de mais necessário para viver». Para ambos, trata-se de uma opção fundamental, que abrange tanto a amizade seletiva entre duas pessoas quanto a vida familiar, social e política. Todavia, para o cristão há nisso uma plenitude de significado que o pensador grego jamais encontraria. Para Tomás de Aquino, a *philia* de Aristóteles se traduzia por *amicitia* – para nós, «amizade». Se a palavra guarda em si as ressonâncias que Aristóteles lhe confiara, em especial a ideia da comunhão em torno do bem comum, também assume outras vindas da tradição latina; o próprio Tomás operou uma verdadeira transfiguração na palavra, definindo a caridade como uma *amizade* entre Deus e o homem. A autoridade de referência já não é mais Aristóteles, mas São João (15, 15): «Já não vos chamo servos, mas *amigos*». O Filósofo continua a proporcionar a estrutura da definição, mas os elementos são radicalmente alterados, uma vez que o bem em torno do qual se estabelece essa comunhão entre Deus e os homens – e também entre os homens em si – é a vida divina comunicada pela graça.

Aqui, deixaremos de lado as evidentes relações interpessoais da amizade para nos dedicarmos melhor à dimensão social, indispensável para completar a visão do ser humano segundo Tomás de Aquino. Tomás jamais pensou o homem nos termos individualistas que há muito tempo têm prevalecido na civilização ocidental. Antes, via-o sempre como parte engajada da comunidade dos «chamados» – indistintamente denominada Igreja ou Povo de Deus, comunidade dos fiéis do Cristo, Comunhão dos Santos ou Corpo Místico de Cristo –, sem jamais isolá-lo da grande família humana da qual é membro por nascimento.

Tomás empresta de Aristóteles a ideia de que o homem é um «ser destinado por natureza a viver em sociedade», o que muitas vezes é traduzido como: «o homem é um animal político». Não fosse assim, ele deveria ou gozar de uma humanidade superior à das pessoas normais, como um santo eremita, ou ser depravado, isto é, inferior a um homem ordinário. Para Aristóteles, que nisso cita Homero, esse homem seria um ser «sem família, sem leis, sem lar», ao que Tomás comenta: «ele é *insocial*, uma vez que não possui nenhum vínculo de amizade; *ilegal*, uma vez que não se submete ao jugo da lei; e *celerado*, porque não é contido pela razão».

Precedida pela comunidade conjugal, uma vez que a primeira de todas as associações é a do homem com a mulher, e pela comunidade familiar, dado que a família se segue imediatamente à união do casal, a comunidade política é a primeira por natureza, ainda que represente uma fase posterior da vida do homem em sociedade. Deste modo, ela subordina as comunidades anteriores a si, mas sem destruí-las; afinal, elas testemunham, embora em menor grau, aquilo que impeliu os homens a viverem juntos – e que Tomás, seguindo Aristóteles, situa na linguagem:

> Vemos, de fato, que, se certos animais têm voz ou grito [*vox*], apenas o homem tem a linguagem [*locutio*]. [...] A palavra humana serve para significar o que é útil e o que é prejudicial, e também o que é justo e o injusto [...]. A palavra, portanto, é coisa própria dos homens, pois, em comparação com os animais, têm eles o conhecimento do bem e do mal, do justo e do injusto e de outras realidades tais que podem ser significadas pela palavra. Ora, é precisamente a «comunicação» nesses valores o que constitui a família e

a cidade; o homem é, portanto, um ser doméstico e político por natureza.

Essa «comunicação» é característica do membro que participa nos valores e bens que unem determinada comunidade. Deste modo, vamos além do simples intercâmbio em matéria de justiça e injustiça, passando para uma convergência de todos os membros da cidade a respeito dos bens que lhes são comuns. Nessas condições, dizer que o homem é um animal político – ou melhor: social – não é traçar nele a simples tendência bruta de um instinto mais ou menos gregário, mas assinalar a capacidade do desenvolvimento virtuoso necessário à vida em sociedade.

A boa vida em sociedade pressupõe que todos os seus membros estejam ordenados ao mesmo bem comum. Eis por que necessitam de um chefe a quem se submeter e por que são regidos por leis comuns, que visam criar um conjunto de condições gerais para facilitar intercâmbios, comunicações e, finalmente, a amizade entre os membros, de modo a que cada pessoa alcance a sua realização em conformidade com outros e uma real solidariedade torne possível a busca de um ideal comum. Nessa perspectiva, não há oposição entre o bem privado e o bem comum; «o bem comum é o fim de cada uma das pessoas que vivem em comunidade», e por isso «aquele que busca o bem comum da multidão busca, consequentemente, seu próprio bem».

O individualismo encontra-se tão arraigado em nós que não estamos habituados a essa maneira de falar. Para Tomás, no entanto, trata-se de algo evidente, e ele explica que, se assim ocorre, é porque a relação da pessoa com a sociedade é uma relação da parte com o todo, dos membros com o corpo:

> A parte [enquanto tal] é alguma coisa do todo. Ora, o homem está na sociedade como parte de um todo; tudo o que ele é pertence, portanto, à sociedade.

Qualquer que seja o valor de nosso egoísmo, o bem de todos importa mais, pois, segundo Aristóteles, ele é «mais divino do que o de um só indivíduo». Essa frase, que já rendeu muitas discussões, é compreensível se nos atermos somente ao nível natural. Quando se trata do relacionamento com Deus, Tomás adota uma linguagem bem diferente. Sua intenção como teólogo jamais desconsidera o fim último. Mesmo os textos mais aparentemente «sociológicos» não podem ser apartados dele, de modo que Deus aparece tal como é: o bem comum verdadeiro e último, ao qual todos os outros estão subordinados.

> O bem particular é ordenado para o bem comum, na condição de seu fim; o ser da parte é, de fato, para o ser do todo. Segue-se então que «o bem da comunidade é mais divino que o bem de uma só pessoa». Ora, é Deus, o Sumo Bem, que é o bem comum [do universo], dado que o bem de todos depende dEle. Por conseguinte, o bem pelo qual cada ser é bom é [ao mesmo tempo] seu bem particular e de todas as coisas que dependem dEle. Logo, todas as coisas são orientadas para seu fim, para este único bem que é Deus.

Nota-se que Tomás se preocupa em preservar a liberdade das pessoas na sociedade. Se a comparação com o todo e a parte dá a impressão de que essa dimensão se perdeu, a simples lembrança de uma obviedade basta para afastar esse receio: um homem livre não é uma coisa banal.

Na situação concreta que conhecemos, o cristão se encontra sob duas grandes sociedades: a cidade terrestre, da qual é membro por nascimento, e a Igreja, à qual pertence pelo batismo. Se a Igreja não é tratada de modo especial na obra de Tomás é porque, na realidade, ela está por toda parte nesse movimento de retorno do homem a Deus. Quase o mesmo pode ser dito da comunidade política. Há, de fato, elementos de uma teoria política em Tomás, mas não um tratado completo sobre o assunto. Aqui certamente não é o lugar para um empreendimento desse tipo. Nosso intuito foi o de apresentar as linhas gerais do pensamento do mestre, as quais se encontram entrelaçadas nestas duas comunidades: a eclesial e a política.

Sem forçar muito a comparação, podemos assegurar que, do mesmo modo como a cidade terrena é o lugar em que normalmente florescem as qualidades naturais do ser humano, a Igreja com seus sacramentos é, também, o lugar em que o homem se vê provido de sua vida sobrenatural e em que floresce na sua qualidade de filho de Deus.

Será preciso ressaltar que, pelo menos para os cristãos, a perda do Éden e a passagem humana pela experiência de Babel deixaram para cada geração e para cada um de nós um longo caminho a ser percorrido rumo a este ideal?

Na primeira página deste livro, convidei-o a me acompanhar na descoberta de um São Tomás um pouco mais acessível do que sugere sua reputação. Não sou tão presunçoso a ponto de acreditar que pude atender plenamente à sua expectativa.

Talvez alguns pensem que esse Tomás «em poucas palavras» ainda não seja suficiente. De fato, a compreensão de certas páginas deve ter exigido algum esforço. Fiz o melhor que pude, mas essa dificuldade não é culpa nem de Tomás, nem mesmo sua, pois, quando saímos de um ambiente familiar para adentrar um território desconhecido, é inevitável que fiquemos um pouco desorientados. O mesmo vale para nosso ambiente mental. É preciso «domar» esse desconhecido e, de alguma forma, adaptar-se a ele para aprendermos a nos mover nesse novo território. Tanto mais isso é verdade quanto mais se trata de tentar compreender as realidades que escapam aos nossos sentidos, sobretudo em temas diante dos quais as grandes mentes da história encontraram dificuldades e, às vezes, divergiram legitimamente. Reconheço ser esse o caso de alguns capítulos deste livro. No entanto, posso lhe pedir um novo esforço? Releia as páginas que lhe pareceram difíceis. Certamente uma segunda leitura parecerá mais suave.

Talvez haja ainda quem tenha achado esse Tomás «em poucas palavras» demasiadamente simples, ou mesmo simplista. É verdade que não expus todo o pensamento de Tomás e que evitei propositalmente certos temas mais complexos. No entanto, para um primeiro contato com as ideias dele, isso de fato não me pareceu necessário. Além disso, a brevidade a que fui condenado por este opúsculo me forçou tanto a reduzir os raciocínios complexos à sua expressão mais simples, o que muitas vezes exige o sacrifício de nuances, quanto a desistir de uma série de exemplos que poderiam ter ilustrado melhor minhas explicações assaz abreviadas. Todas essas renúncias me foram dolorosas. Minha consolação vem da memória de nosso velho Boileau, que recomendava de maneira específica a concisão: «Quem não soube limitar-se nunca soube escrever».

Quanto aos que conservam interesse no assunto, tenho também um esforço adicional a pedir – ou melhor, uma sugestão a fazer. Quando estiverem dispostos (e com tempo), estudem um dos dois livros abaixo (ou ambos, o que seria ainda melhor). Tentei condensá-los neste, e por isso recorri a eles inúmeras vezes.

1. *Iniciação a Santo Tomás de Aquino: sua pessoa e sua obra*. Nesta obra se encontram mais detalhes históricos sobre a vida de Tomás, as datas de seus livros e seus respectivos conteúdos, bem como a indicação de muitas obras dedicadas ao autor.

2. *Santo Tomás de Aquino, mestre espiritual*, que oferece uma abordagem mais teológica e infinitamente mais completa do que a desenvolvida neste livro que você acabou de ler.

ESTE LIVRO ACABOU DE SE IMPRIMIR
A 25 DE ABRIL DE 2021.